Liebe Leserinnen, liebe Leser!

Eine Freundin aus Köln, die ganz häufig im Süden der Niederlande unterwegs ist, gab mir den Rat, „bezeichne die Niederländer bloß nicht als Holländer, das mögen viele gar nicht“. Natürlich befolgte ich ihre Empfehlung, bemühte mich bei meiner Reise durch unser Nachbarland stets um „political correctness“ und sprach von Holland nur, wenn jene zwei Provinzen im Westen des Landes gemeint sind. Ein bisschen erstaunt war ich dann schon, als ich feststellte, dass die offizielle Webseite der Niederlande unter www.holland.com zu finden ist. Auch dort wird der Unterschied zwischen den Niederlanden und Holland genau erklärt, doch andererseits heißt es: „Entdecken Sie Holland“ – und damit sind nicht nur besagte zwei Provinzen gemeint.

Malerische Grachten und hochmoderne Architektur

Also egal, ob Sie die Niederlande oder Holland bereisen, Sie werden feststellen, Sie sind in einem Land mit überschaubaren Dimensionen unterwegs – von Nord nach Süd sind es gerade mal 300 Kilometer, von Ost nach West nur 180 Kilometer. Dennoch gibt es viel zu entdecken. Allen voran natürlich einmalige Städte und hübsch herausgeputzte kleine Orte. Eines meiner Lieblingsziele weltweit ist Amsterdam. Ich mag die Stadt wegen ihres einzigartigen Grachtengürtels, mittlerweile aber auch wegen der grandiosen neuen Bauten. Hier und in Rotterdam und in Den Haag verwirklicht eine international bekannte Architektenelite spektakuläre Großprojekte.

Kleine Paradiese im Meer

Im Hinblick Landschaft stehen bei mir die Westfriesischen Inseln hoch im Kurs. Lonely Planet, der weltweit erfolgreichste Reiseführer, kürte Texel zu einem der zehn Ziele, die man besuchen müsse. Unser Autorenteam Rasso Knoller und Christian Nowak machten dagegen Schiermonnikoog, die östlichste der Westfriesischen Inseln, zu ihrem Topziel (siehe S. 7). Ein Großteil der Insel steht als Nationalpark unter Naturschutz und bietet tatsächlich ein herrliches Landschaftsidyll. Begeben Sie sich auf Entdeckungstour!
Herzlich

Ihre
Birgit Borowski

Birgit Borowski
Programmleiterin DuMont Bildatlas

*Die beiden Berliner Autoren **Rasso Knoller** (links) und **Christian Nowak** (rechts) schätzen die Niederlande seit Jahren und sind regelmäßig dort unterwegs.*

*Der Fotograf **Rainer Kiedrowski** aus Ratingen hat es nur einen Katzensprung hinüber in die Niederlande. Mit dieser Ausgabe blickt er auf eine 40-jährige Zusammenarbeit mit dem Bildatlas zurück.*

54 Gleichbedeutend für Ferienfreuden: Strandleben auf Texel

100 Die Windmühlen von Kinderdijk gehören zum UNESCO-Welterbe

22 Kulturelles Flaggschiff der Niederlande: Amsterdams Rijksmuseum

84 Karneval in Maastricht

Utrecht · Gelderland · Overijssel

Nordbrabant · Limburg

Südholland · Seeland

Anhang

DuMont Aktiv

Genießen Erleben Erfahren

Maßstab 1:2.000.000
0
40 km
Groningen · Friesland · Inseln 54 – 67
Nordholland · Flevoland 38 – 53
Amsterdam 22 – 37
Utrecht · Gelderland · Overijssel 68 – 83
Südholland · Seeland 100 – 115
Nordbrabant · Limburg 84 – 99
1
2
3
4
5
6
7
8
9
10
NEDERLAND
BELGIË BELGIQUE
DEUTSCHLAND
FRANCE
LËTZEBUERG LUXEMBOURG
Deutsche Bucht
Ostfriesische Inseln
AMSTERDAM
ROTTERDAM
DEN HAAG
'S-GRAVENHAGE
UTRECHT
GRONINGEN
BRUXELLES BRUSSEL
ANTWERPEN
KÖLN
DÜSSELDORF
DORTMUND

Topziele

Die bedeutendsten Sehenswürdigkeiten der Niederlande sowie Erlebnisse, die keinesfalls versäumt werden sollen, haben wir auf dieser Seite für Sie zusammengestellt. Auf den Infoseiten ist das jeweilige Highlight als **TOPZIEL** *gekennzeichnet.*

ERLEBEN

1 **Zaanse Schans:** Im Freilichtmuseum wurden historische Häuser und Windmühlen aus der Umgebung wieder aufgebaut. In einigen werden alte Handwerke vorgeführt. **Seite 51**

2 **Der Keukenhof:** Der riesige Blumenpark ist die vielleicht bekannteste Sehenswürdigkeit der Niederlande. Jedes Frühjahr blühen hier Millionen von Tulpen, Narzissen und Hyazinthen. **Seite 113**

3 **Windmühlen von Kinderdijk:** Typisch Niederlande, die Windmühlen aus dem 18. Jahrhundert – ein Fest für Fotografen. Die UNESCO hat sie zum Weltkulturerbe ernannt. **Seite 114**

5 **Altstadt von Haarlem:** Rund um den Grote Markt finden sich die wichtigsten Sehenswürdigkeiten. **Seite 51**

6 **Die Altstadt von Maastricht:** Außer Amsterdam kann keine Stadt so viele denkmalgeschützte Bauwerke vorweisen. **Seite 98**

7

8

3

7 **Haager Mauritshuis:** Hier hängen viele berühmte Gemälde. Am bekanntesten ist „Das Mädchen mit dem Perlenohrring“ von Jan Vermeer. **Seite 114**

8 **Altstadt von Leiden:** Ein Grachtenstadterlebnis ohne den großen Trubel Amsterdams. **Seite 113**

4

KULTUR

4 **Rijksmuseum und Vincent van Gogh Museum in Amsterdam:** Das weltberühmte Rijksmuseum und das Van Gogh Museum sind die kulturellen Aushängeschilder der Grachtenmetropole, die natürlich auch wegen ihrer einmaligen Altstadt hier aufgelistet werden muss. **Seite 36**

NATUR

9 **Oostvaardersplassen:** Im größten Tiefland-Riedmoorgebiet Europas brüten und überwintern viele Vogelarten. Auch leben hier Rothirsche, Konik Pferde und Heckrinder. **Seite 53**

10 **Schiermonnikoog:** Die östlichste der Westfriesischen Inseln besteht zum Großteil aus Stränden, Dünen und Salzwiesen und steht seit 1988 als Nationalpark unter Schutz. **Seite 67**

Mühlen als Weltkulturerbe

Die Mühlen von Kinderdijk wurden im 18. Jahrhundert erbaut und dienten dazu, das Wasser aus den Poldern abzupumpen, um diese für den Ackerbau nutzbar zu machen. Durch das Trockenlegen von Meeres- bzw. Überschwemmungsgebieten gewinnt man in den Niederlanden schon seit mehr als 700 Jahren Land. Heute benutzt man dafür aber keine Mühlen mehr, sondern riesige Pumpen. Sogar eine ganze Provinz entstand auf diese Weise neu – dort wo heute in Flevoland die Kühe grasen, schwammen vor weniger als hundert Jahren noch Fische.

Käsekauf per Handschlag

Die bekannteste und größte Käsestadt ist Gouda, doch Alkmaar besitzt den schönsten Käsemarkt, erstmals im Jahr 1365 abgehalten. Heute werden die Käsemärkte zwar nur noch im Sommer als Spektakel für Touristen veranstaltet, doch die Zeremonie spiegelt alte Handelsbräuche wider. Auf dem Marktplatz stapeln sich die goldgelben Käselaibe, die Frauen tragen Trachten, die an die legendäre „Frau Antje" erinnern, kräftige Käseträger schmücken sich mit der historischen Kleidung der Gilde. Es wird gehandelt und gefeilscht, bis schließlich ein Handschlag den Kauf besiegelt.

Restaurants am Kanal

Die Oudegracht ist eine der größten Sehenswürdigkeiten Utrechts – besonders im Sommer, wenn man draußen sitzen kann und an ihrem Rand Kneipen und Restaurants Gäste anlocken. Doch nicht nur in Utrecht sind die Grachten Tourismusmagneten. Jahr für Jahr besuchen, auch ihretwegen, mehr als drei Millionen Deutsche die Niederlande. Der Grachtengürtel in Amsterdam gehört sogar zum Weltkulturerbe. Ihren eigentlichen Zweck als Transportwege und Entwässerungskanäle haben die Grachten aber längst verloren.

Kunst, soweit das Auge reicht

Eine Rundreise durch die Niederlande führt geradezu zwangsläufig zu den bedeutendsten Kunstmuseen Europas – vom Rijiksmuseum in Amsterdam über das Mauritshuis in Den Haag bis zum Museum Boijmans van Beuningen in Rotterdam. Aber auch in den Museen der kleineren Städte findet man oft beachtenswerte Werke wie hier im Van Abbemuseum von Eindhoven beispielsweise die Skulpturen von Juan Munoz.

Der Tulpenwahnsinn

Im 17. Jahrhundert wurden Tulpenzwiebeln zum Spekulationsobjekt, und die Preise für die „Bollen" stiegen in astronomische Höhen. Eine einzige Zwiebel konnte so wertvoll wie ein Grachtenhaus sein. Heute werden Tulpenzwiebeln in den Niederlanden massenhaft gezüchtet und exportiert. Alleine rund 4,5 Millionen Tulpen werden alljährlich im Keukenhof von Hand gepflanzt. Dazu kommen noch Millionen Narzissen, Hyazinthen und Kaiserkronen, die den Park in ein Blumenmeer verwandeln und alljährlich 800 000 Besucher anlocken.

Vom Wasser geformt

Jahrhunderte lang haben Sturmfluten sich ins Land gefressen und Tausende Menschen das Leben gekostet. Erst lückenlose und ausreichend hohe Deiche konnten dem Meer seinen Schrecken nehmen. Die sind wichtiger denn je, denn große Landesteile liegen unter dem Meeresspiegel. Und mit ihnen idyllisch und friedlich wirkende Hafenstädte wie Hoorn, wo Traditionssegler dümpeln und zu Ausflugsfahrten einladen. Stattliche Häuser, die von einstigem Wohlstand berichten, rahmen bis heute die Häfen.

Warum nicht mal im Leuchtturm?

Ein schönes Zimmer mit großzügigem Bad, Fernseher und gut gefüllter Minibar – das ist touristische Normalkost, von der man nur zu gern einmal abweichen möchte. Die Niederlande bieten viele und auch verblüffend ungewöhnliche Unterkünfte. Hier gibt es einige erfrischende Anregungen, vom nur allzu Bekannten abzuweichen.

1 Crane Hotel Faralda

Ein Panoramalift bringt die Gäste direkt in eine der drei Luxussuiten „Free Spirit", „Secret" oder „Mystique" in luftiger Höhe. Die Panoramalounge schwebt 15 m über dem Boden, die Suiten 35–50 m – von allen genießt man einen phantastischen Blick über den Amsterdamer Hafen. Mutige können ihren Aufenthalt noch mit einem Bungeesprung von der Kranspitze krönen.

Faralda Crane Hotel, NDSM-Plein 78, NL-1033 WB Amsterdam, Tel. 02 07 60 61 61, www.faralda.com

2 Botel

In Amsterdam säumen Hausboote die Ufer der Grachten, von denen viele auch als Ferienwohnungen vermietet werden. Einzigartig jedoch ist das Hotelschiff „Botel" auf dem Gelände der NDSM-Werft. In den 175 modernen Kabinen mit 3-Sterne-Komfort vergisst man nie, dass man auf einem Schiff ist. Im Sommer ist die Sonnenterrasse mit Blick über Fluss und Hafen in jedem Fall ein Highlight.

Botel, NDSM-pier 3, NL-1033 Amsterdam, Tel. 02 06 26 42 47, www.botel.nl

3 Inntel Hotels Amsterdam Zaandam

Die Fassade des Hotels besteht aus bunten, übereinander gestapelten Häusern, so wie sie früher im Zaangebiet gebaut wurden. Einige Häuser stehen sogar auf dem Kopf. Innen besticht das Haus mit 4-Sterne-Komfort, einschließlich Wellness Club und Pool. In fast allen Zimmern erinnern Schwarz-Weiß-Panoramafotos an die Industriegeschichte der Region. Das Hotel befindet sich neben dem Bahnhof, von dem man Amsterdam in nur zwölf Minuten erreicht.

Inntel Hotels Amsterdam Zaandam, Provincialeweg 102, NL-1506 MD Zaandam, Tel. 07 56 31 17 11, www.inntelhotelsamsterdamzaandam.nl

4 Hotel Serre de Vrouve van Stavoren

15 000 Liter fasst jedes der vier Weinfässer aus dunklem Holz. Klingt viel, wenn man sie mit Wein füllt, reicht als Hotelzimmer aber gerade für zwei Betten und zwei Nachttische. Wer das Besondere sucht und ein rustikales Ambiente mag, ist hier genau richtig.

Hotel Serre de Vrouve van Stavoren, Havenweg 1, NL-8715 EM Stavoren, Tel. 05 14 68 12 02, www.hotel-vrouwevanstavoren.nl

5 Controversy Tram Inn

Auf dem Bauernhof von Frank und Irma im nordholländischen Dorf Hoogwoud nordwestlich von Hoorn haben sich mittlerweile einige sonderbare Verkehrsmittel angesammelt, darunter Straßenbahnen, ein Zug, ein Flugzeug, ein englischer Doppeldeckerbus und sogar ein UFO. Zwei alte Straßenbahnen wurden zu vier luxuriösen Apartments. Dann gibt es noch einen umgebauten Zug mit Dachterrasse und eine Cafeteria im amerikanischen 1950er-Jahre-Stil. Auch im UFO kann man übernachten.

Controversy Tram Inn, Konigspade 36, NL-1718 MP Hoogwoud, Tel. 02 26 35 26 93, www.controversy.nl

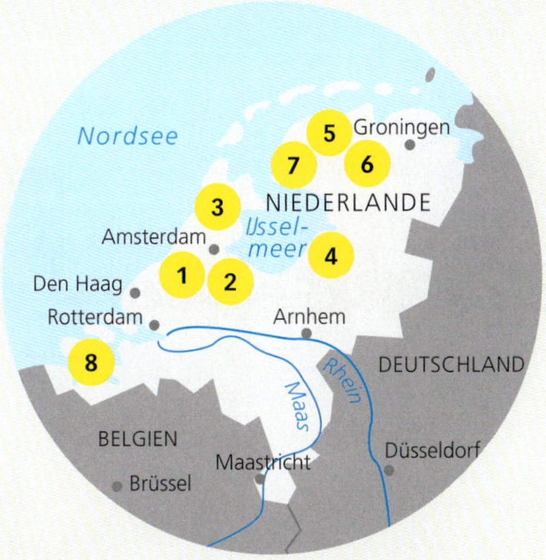

6 Het kleine Paradijs

Das kleine Paradies liegt mitten in Friesland, fernab jeder Hektik im Grünen. Hier kann man in luftiger Höhe zwei Baumhäuser mit Komfort mieten, sich Kinderträume erfüllen und so ganz nebenbei von der Terrasse den Blick schweifen lassen. Außerdem gibt es eine ebenso komfortable mongolische Jurte – die mit ihrem Holzofen sogar ganzjährig bewohnbar ist.

Het kleine Paradijs, Meilahuzen 9, Oosterend, NL-8734 GA Easterein, Tel. 05 15 33 11 36, www.hetkleineparadijs.nl

7 Dromen aan Zee

Der friesische Hafenort Harlingen bietet mit Leuchtturm, Hafenkran und Rettungsboot gleich drei ungewöhnliche Übernachtungsmöglichkeiten. Den größten Luxus genießt man im 1922 erbauten Leuchtturm. Auf drei Etagen unter der Kupferkuppel verteilen sich Bad, Schlafzimmer und Esszimmer – alle mit gleichermaßen grandioser Aussicht. Im Rettungsboot „Lilla Marras" geht es unter Deck recht eng zu, doch auch hier wurde bei der Sanierung nicht mit Luxus gespart. Wer möchte, kann neben der Übernachtung auch eine Fahrt mit dem Boot buchen. Vom Hafenkran, einem nicht zu übersehenden Industriedenkmal in der Nähe des Leuchtturms, ist der Rundumblick phantastisch. Keine Angst, man muss nicht wie der Kranführer früher über eine enge Käfigleiter hinaufsteigen. Zwei Aufzüge machen den Weg zum Bett zu einem Erlebnis.

Dromen aan Zee, Havenweg 1 (Leuchtturm), Dokkade 5 (Kran), Noordhervan 86 im Hafen gegenüber (Rettungsboot), NL-8861 XH Harlingen, Tel. 05 17 41 44 10, www.vuurtoren-harlingen.nl

8 Slaapzand Strandslaaphuizen

Dichter am Meer kann man nicht wohnen. Die Strandhäuschen im seeländischen Domburg stehen nur wenige Meter vom Wasser entfernt, im Rücken hat man die Dünen. Von der Terrasse genießt man den Blick aufs Meer, und wenn das Wetter mal nicht mitspielt, kann man sich alles durch die großen Panoramafenster anschauen.

Slaapsand Strandslaaphuizen, Oude Zandweg 29, NL-4361 SK Westkapelle, Tel. 06 54 77 78 52, www.slaapzand.nl

Grachten, Kunst und Lebensfreude

Amsterdam ist das mit Abstand beliebteste Reiseziel in den Niederlanden. Die Stadt lockt mit Vertrautem und Überraschendem – bietet gleichzeitig entspannten Charme und innovative Kreativität. So stehen Grachtenrundfahrten und Galeriebesuche bei jungen Künstlern gleichermaßen auf dem Programm der Besucher.

Der offizielle Auftritt der Grachtenstadt lautet „I amsterdam" – auch vor dem Rijksmuseum am Museumplein

An der Egelantiersgracht verlockt das Café „t' Smalle" mit seiner Terrasse direkt am Wasser zu einer Pause

In der Fußgängerregion der Kalverstraat nahe dem Dam tummeln sich niederländische und internationale Ladenketten (links). Alternativ zum Fahrrad lässt sich die Altstadt auch per Pferdekutsche erkunden (rechts)

Bekannteste Brücke Amsterdams ist wohl die nach ihrem Erbauer benannte Magere Brug. 1969 rekonstruiert, wird die Amstelquerung seit 1994 nicht mehr mit der Hand bedient – aus Sicherheitsgründen

Die Prinsengracht mit ihren Hausbooten gilt als volkstümlichste der großen Grachten. Sie wurde nach dem Prinzen von Oranien benannt

Zwei Millionen Kilometer legen die Amsterdamer mit dem Fahrrad zurück – pro Tag. Für 60 Prozent aller Einwohner ist das Rad wichtigstes Verkehrsmittel. Deswegen steht auch das größte Fahrradparkhaus der Welt in Amsterdam – am Hauptbahnhof finden 7000 Drahtesel Platz. Weil der Platz trotzdem knapp ist, plant die Stadtverwaltung immer mehr Wege und Abstellflächen für Fahrräder – auf Kosten der Autos. Denn die sollen raus aus der Innenstadt. Übrigens mit voller Zustimmung der Einwohner, die sich mit ihrer Pro-Fiets-Haltung mit Recht den Namen Fahrradhauptstadt der Welt verdienen. Und so stimmt es auch, wenn auf der Webseite des holländischen Fremdenverkehrsamtes steht: „Die Niederländer und ihre Fahrräder sind unzertrennlich. Ein Fahrrad ist kein Transportmittel, es ist ein Lebensgefühl." Und es ist das perfekte Fortbewegungsmittel auch für die Besucher der Stadt. Besonders in der Innenstadt, in der die engen Gässchen und vielen Grachten das Vorankommen mit dem Auto ohnehin beschwerlich machen.

Schmale Häuser, niedrige Steuern

Der Amsterdamer Grachtengürtel entstand im frühen 17. Jahrhundert, als die Stadt immer schneller wuchs und man mehr Platz brauchte. Land musste urbar gemacht werden. Gräben dienten dazu, das Sumpfgebiet zu entwässern und bewohnbar zu machen, und danach benutzte man sie als Transportwege. Entlang der Grachten ließen sich vor allem Kaufleute und wohlhabende Bürger nieder. Und so konnten ihnen die Waren per Schiff an die Haustür geliefert werden. Die Häuser, die auf dem trocken gelegten Land gebaut wurden, waren zur Gracht hin, dort wo der Platz knapp war, meist extrem schmal. Je schmaler man baute, desto weniger Steuern waren fällig – diese wurden nämlich anhand der Breite des Hauses berechnet. Um den notwendigen Wohn- und Lagerraum zu schaffen, baute man lang und hoch.

Der Montelbaanstoren wurde 1516 an der Oude Schans als Wachturm an den damaligen Hafenanlagen errichtet

Am Nieuwmarkt wurde zu Beginn des 17. Jahrhunderts die Stadtwaage erbaut (oben). Im Begijnhof am Nieuwezijds Voorburgwal lebten Jahrhunderte fromme Frauen (unten)

1665 auf 13 659 Pfählen errichtet, spiegelte das einst größte Rathaus Europas Macht und Reichtum der niederländischen Handelsnation: Bürgersaal im Königlichen Palast

Weil die Fronten so schmal sind, war (und ist) es mühsam bis unmöglich Waren, aber auch Möbel durch die engen Treppenaufgänge ins Haus zu bringen. Wer hinaufschaut zu den Giebeln von Amsterdam, erkennt dort die Lösung für das Problem. Über den Lastenhaken wurde alles, was zu schwer oder breit war, um durch die Tür ins Haus zu gelangen, mit einem Flaschenzug in die oberen Stockwerke gehievt. Auffällig ist auch, dass viele Fassaden leicht nach vorne geneigt sind. Das ist so gewollt; einerseits gewann man so zusätzliche Fläche in den oberen Stockwerken, und es war leichter, den Lastenaufzug zu bedienen. Bis heute prägen Giebelvariationen aus vier Jahrhunderten die Altstadt – Treppengiebel, Schnabelgiebel, Halsgiebel, Glockengiebel und Leistengiebel sind besonders häufig zu sehen. Ein jeder war zu einer anderen Zeit modern, und so lässt sich allein am Giebel festmachen, wann ein Haus erbaut wurde – der besonders leicht zu erkennende Treppengiebel weist übrigens auf ein Baujahr zwischen 1580 und 1665 hin.

Die Grachten waren aber nicht nur Transportwege, in sie flossen auch die ungeklärten Abwässer. Entsprechend lag eine unappetitliche Dunstwolke über Amsterdam, und die Kanäle waren ein ständiger Herd für Krankheiten. Es half nur bedingt, dass einmal täglich die

Amsterdam ist die Perle aller Städte.

Deutsches Sprichwörter-Lexikon, Leipzig 1867

Schleusen geöffnet und das schmutzige Wasser ins IJsselmeer gespült wurde. Auch um der Keime Herr zu werden, schüttete man im 19. und 20. Jahrhundert etwa 70 ungenutzte Grachten einfach zu. Heute tut das den Stadtvätern natürlich leid, denn es fließt schon lange kein Abwasser mehr in die Kanäle. Sie sind vielmehr zum Aushängeschild der Stadt geworden, locken Touristen von nah und fern nach Amsterdam und

Das Van Gogh Museum ist eines der drei kulturellen Schwergewichte am Museumplein und zeigt die größte van-Gogh-Sammlung der Welt, rund 200 Gemälde und 400 Zeichnungen des Spätimpressionisten

Du siehst, was ich gefunden habe: meine Arbeit; und du siehst auch, was ich nicht gefunden habe – alles Übrige, was zum Leben gehört.

Vincent van Gogh (1853–1890), Maler

haben der Stadt den Titel UNESCO-Weltkulturerbe verschafft. Deswegen gibt es auch immer wieder mal Pläne, die alten Grachten neu zu beleben. Bisher scheiterte dies aber am klammen Stadtsäckel. Fast 1300 Brücken überspannen die Grachtenlandschaft, die als „Venedig des Nordens" gerühmt wird. Als Äquivalent zu den Gondeln müssen dann wohl die für Amsterdam so typischen Rundfahrtboote mit dem Glasdach dienen. Die sind extrem flach, um die alten Brücken passieren zu können.

Die Hauptstadtfrage

Gut 850 000 Einwohner zählt die holländische Hauptstadt, in Groot-Amsterdam, zu dem auch die Städte im Speckgürtel zählen, leben gut 1,5 Millionen Menschen. Apropos Hauptstadt – die Frage, Amsterdam oder Den Haag, ist eine harte Nuss für Quizshows und war bis 1983 nicht eindeutig zu beantworten. Vor 1815 war alles klar, bis dahin war in der Verfassung festgelegt, dass die Krönung und Vereidigung des Königs in „der Hauptstadt Amsterdam" stattfinden soll. Dann fügten die europäischen Herrscher auf dem Wiener Kongress die südlichen Niederlande, das heutige Belgien, dem Königreich hinzu. Deswegen änderte man die Verfassung, und dabei verschwand auch die Festschreibung von Amsterdam als Hauptstadt aus dem Verfassungstext. Um die Belgier nicht zu verärgern, legte man fest, dass der Hauptstadttitel im zweijährigen Wechsel zwischen Brüssel und Amsterdam hin- und herwandern sollte. Als Belgien nach der Revolution von 1830 unabhängig wurde, wurde Amsterdams Hauptstadtstatus nicht wieder in der Verfassung festgeschrieben. Offensichtlich war das auch lange Zeit kein wirkliches Problem – denn Regierung und Königshaus saßen ohnehin in Den Haag. Erst zur 700-Jahr-Feier Amsterdams im Jahr 1975 nahm die Diskussion um den Hauptstadtstatus Fahrt auf. Genau genommen ist Amsterdam erst wieder seit 1983 die „verfassungsrechtliche Hauptstadt" des Landes, denn seither wird Amsterdam im Artikel 32 der Verfassung wieder ausdrücklich als „Hoofdstad" bezeichnet. Der Regierungssitz liegt aber unverändert 60 Kilometer südlich von Amsterdam in Den Haag.

Kunstraum Amsterdam

Vielleicht konnten die Amsterdamer auch deshalb den Ruf erwerben, besonders lässig und tolerant zu sein, weil die Regierenden nicht dauerhaft in ihrer Stadt wohnten. Und vielleicht hat sich Amsterdam deswegen auch zu einer Stadt der Kunst und Kultur entwickelt.

Das Rijksmuseum ist das Schatzkästchen der Nation. Hier sind die großen Meister des Goldenen Jahrhunderts zu sehen – und natürlich Rembrandts „Nachtwache“ (links und unten)

Das Concertgebouw ist die Nummer eins unter den etwa 50 Konzerthallen der Stadt und eine der bestbesuchten Konzerthallen der Welt (oben links). Die vor dem Schifffahrtsmuseum vertäute „Amsterdam“ ist ein von einer Vielzahl Freiwilliger, darunter seinerzeit Arbeitslose, realisierter Nachbau eines 1749 vor England gesunkenen VOC-Dreimasters. Er erinnert an die Zeiten, als im Amsterdamer Hafen unzählige Ostindienfahrer festmachten (unten links)

An einer der Singelgracht zugewandten Ecke des Leidseplein liegt das legendäre „Café Americain", ein Jugendstil-Schmuckstück (rechts). Der Zeedijk ist seit jeher eine Vergnügungsmeile mit vielerlei Angeboten – zu der auch das kleine Restaurant und Café „Latei" gehört (unten links)

Die Warmoesstraat ist eine der ältesten Straßen Amsterdams und gehört zum Bereich des „roten" Nachtlebens

Der Vondelpark ist Amsterdams beliebtes Naherholungsgebiet. Er liegt mitten in der Stadt

Flaggschiff des Stadtteils Noord ist das spektakuläre EYE mit Kinosälen, Ausstellungsflächen und einem Restaurant mit Traumblick

In Rotterdam wird das Geld verdient und in Amsterdam unter die Leute gebracht.

Niederländisches Sprichwort

Die Museen der Stadt zählen zum Besten, was man weltweit finden kann. Ihre Sammlungen brauchen die Konkurrenz aus London, Paris oder New York nicht zu fürchten. Das Rijksmuseum beispielsweise besitzt mehr als sieben Millionen Kunstwerke, von denen Rembrandts „Nachtwache" das bekannteste ist. Im Stedelijk Museum kümmert man sich um moderne und zeitgenössische Kunst. Die Liste der Künstler, deren Werke hier ausgestellt werden, ist lang und enthält berühmte Namen wie Mondrian, Matisse, Miró, Picasso und Kirchner. Und im Van Gogh Museum ist die weltweit größte Ausstellung von Gemälden dieses genialen Malers zu sehen.

Kunst findet in Amsterdam aber auch im Stadtraum statt. Sei es auf der künstlichen Insel – Java-Eiland – auf der ein ganzes Stadtviertel in beeindruckender postmoderner Architektur entstand, oder im Stadtteil Noord, wo ein Industrieareal phantasievoll umgestaltet wird. In den alten Werfthallen haben Künstler eine neue Heimat gefunden, manche von ihnen leben und arbeiten auch in ausrangierten Straßenbahnen oder auf alten Schiffen, die, nicht mehr seetüchtig, allemal als Kreativzone taugen.

Wo sich Künstler niederlassen, dauert es nicht lange, und Cafés und Kneipen folgen. Deswegen ist Noord inzwischen Konkurrenz für die etablierten Ausgehviertel im Zentrum und im Jordaan. Zudem hat der Gast in Noord den Vorteil, meist direkt am Wasser zu sitzen. Das „Pllek" hat sogar einen eigenen Strand. Von außen sieht der Container, der als Gastraum dient, nicht besonders einladend aus, drinnen trifft man aber auf eine gelungene Mischung aus Bar und Restaurant, und zum Wasser hin sorgen Liegestühle für Urlaubsatmosphäre.

Und natürlich Tulpen

Die Stadt bietet aber nicht nur Überraschendes, sondern auch genau das, was man von ihr erwartet. Beispielsweise „Tulpen aus Amsterdam". Die Holländer exportieren ihre Blumen nicht nur, sie kaufen und verschenken sie auch selbst. Und deswegen hat jede Stadt ihren eigenen farbenfrohen Blumenmarkt. In Amsterdam schwimmt einer davon auf dem Wasser. An der Singelgracht verkauft man Pflanzen und Blumen aus dem Boot heraus. Tulpen gibt es in allen Farben – von Rot bis Schwarz. Bei so viel Tulpeneuphorie ist es logisch, dass es in Amsterdam auch ein entsprechendes Museum gibt. Das liegt im Szeneviertel Jordaan und erzählt natürlich auch vom großen Tulpenwahn des 17. Jahrhunderts, als ein paar Tulpenzwiebeln so viel kosteten wie ein ganzes Haus.

FUSSBALL

Fußballglück in Orange

Cruyff , Gullit, van Basten und Robben sind Namen, die die Herzen eines jeden Fußballfans höher schlagen lassen. Trotzdem blicken die beiden Fußballnationen Niederlande und Deutschland auf lange Jahre tiefer gegenseitiger Abneigung zurück.

Rivalität bereits in der U21-Jugend: Lewis Holtby (links)und Kevin Strootmann 2013 bei der Europameisterschaft in Israel

Die Spuckattacke von Frank Rijkaard auf Rudi Völlers Dauerwelle, im Achtelfinale der Weltmeisterschaft 1990, stand lange Zeit als Symbol für das angespannte Verhältnis der beiden großen Fußballnationen. Als „90 Minuten Hass" beschreibt der britisch-niederländische Sportjournalist Simon Kuper die Duelle der beiden Nationalmannschaften. Begonnen hat die Fußballfeindschaft zwischen Deutschland und dem ewigen Außenseiter Niederlande lange vor 1990. Immer wieder waren die beiden Mannschaften bei großen Turnieren aufeinandergetroffen, und meist hatten dabei die Holländer den Kürzeren gezogen. Besonders schmerzhaft war die Niederlage 1974 im Weltmeisterschaftsfinale in München. Nicht nur, weil die Oranjes damals eigentlich die bessere Mannschaft waren, sondern weil – so zumindest die holländische Lesart – dem vorentscheidenden Elfmetertor durch Paul Breitner eine „Schwalbe" des deutschen Flügelstürmers vorausging. Lange Jahre galt die Regel: Die Deutschen spielten erfolgreich, die Holländer schön – und so hatte jede Fangruppe etwas, auf das sie beim anderen Team neidisch sein konnte. Weil Zauberer auf dem Feld aber nun mal beliebter sind als Handwerker, flogen der holländischen Nationalmannschaft weltweit die Herzen zu – während sich Deutschland mit dem durch (oft unschöne) Erfolge erkämpften Respekt der anderen zufriedengeben musste. Vermutlich hätten die Holländer gerne getauscht, denn in großen Spielen waren sie meist zweiter Sieger. Bei der Weltmeisterschaft 2010 verloren die Niederlande im Finale, und 2014 schied man bereits im Halbfinale aus.

Endlich ein Sieg

Nur ein einziges Mal durften die Niederlande eine Trophäe in die Höhe stemmen. 1988 brachten sie den Europameistertitel mit nach Hause. Wichtiger als der Titelgewinn war damals, dass man im Halbfinale Deutschland besiegte – mit dem Zusatzbonus, dass der Erzfeind zugleich Ausrichter der Endrunde war. Der 21. Juni, der Tag des Sieges gegen Deutschland, wurde zum Jubeltag für eine Nation.

Beim Spiel Deutschland gegen die Niederlande der Fußball-Europameisterschaft 1988: Rudi Völler und Frank Rijkaard in inniger Umarmung (links). Marco van Basten und der Pokal: Team Niederlande bei der Siegerehrung als Europameister 1988 (rechts)

Die ganzen Niederlande standen damals kopf, ein Land versammelte sich zu einem spontanen Karneval auf den Straßen. Der Endspielsieg vier Tage später gegen die Sowjetunion war dann nur noch schmückendes Beiwerk.

Stellvertreter Fußball

Damals war die gegenseitige Antipathie auf dem Höhepunkt. Der Fußballsieg gegen den Erzrivalen war für viele Niederländer so etwas wie die späte Rache für die Besetzung ihres Landes durch Nazi-Deutschland im Zweiten Weltkrieg. Der Lyriker Julian Deelder brachte es in einem umstrittenen Gedicht auf den Punkt und dichtete auf das Siegtor von Marco von Basten die Zeilen: „Und unsere Gefallenen stiegen jubelnd aus ihren Gräbern."

Völler und Rijkaard haben sich übrigens wieder versöhnt. In einem Werbespot für eine Molkerei saßen sie einträchtig am Frühstückstisch, schmierten ihre Brötchen und erklärten, dass „alles in Butter" sei. So sieht es gegenwärtig auch mit der deutsch-niederländischen Fußballfreundschaft aus. Wenn wir ehrlich sind, aber vermutlich auch deshalb, weil inzwischen unsere Nationalmannschaft attraktiven Angriffsfußball „im Holländerstil" spielt.

Maßstab 1:17.000
0
300m
NOORD
HET
IJ
Centraal Station
Muziekgebouw aan 't IJ
Passagiers Terminal Amsterdam
EYE Film Institute
Twenty4Amsterdam
JORDAAN
CENTRUM
Dam
Nieuwmarkt
Waterlooplein
Weesperplein
Vijzelgracht
De Pijp
Wibautstr.
ZUID
DE PIJP
OUD-
Oosterdok
NEMO
Scheepvaartmuseum
Rijksmuseum
Stedelijk Museum
Museumpl.
Sarphatipark
Ceintuurbaan
Haarlemmerweg
Nassaukade
Raadhuisstraat
Rozengracht
Prinsengracht
Keizersgracht
Herengracht
Singel
Rokin
Amstel
Stadhouderskade
Weteringschans
Wibautstr.
Piet Heinkade
De Ruijterkade
Prins Hendrikkade
IJ-TUNNEL
Kattenburgerstraat
Plantage
Muiderstr.
Singelgracht
Mauritskade
Hobbemakade
Amstelkade
1
2
3
4
5
6
7
8
9
10
11
12
13
14
15
16
17
18
19
20
21
22
23
24
25

Venedig des Nordens

Ein malerischer Grachtengürtel, der zum UNESCO-Weltkulturerbe zählt, einige Tausend Baudenkmäler und Museen von Weltrang machen Amsterdam zu einem der beliebtesten Reiseziele Europas. Nicht minder anziehend ist das multikulturelle, tolerante Flair der Stadt.

Allgemein

Mit 850 000 Einw. aus über 180 Nationen ist Amsterdam die größte Stadt der Niederlande und seit einer Verfassungsänderung von 1983 auch (wieder) offizielle Hauptstadt. Regierungssitz und Königsresidenz befinden sich jedoch in Den Haag. Ihren Namen verdankt die im 12. Jh. entstandene Stadt einem Damm im Flusslauf der Amstel. Um 1600 begann das Goldene Zeitalter, die Niederlande wurden zu einer der bedeutendsten Handelsmächte der Welt – und Amsterdam profitierte vom lukrativen Kolonialhandel.

INFORMATION
I Amsterdam Visitor Centre, Stationsplein 10 (gegenüber Hauptbahnhof), NL-1012 AB Amsterdam, Tel. 02 07 02 60 00, www.iamsterdam.com

Sehenswert

OUDE CENTRUM
Am Westrand der **Altstadt** TOPZIEL bildet der ① **Dam** das Herz der Stadt; der älteste Marktplatz entstand 1270 über einer Schleusenanlage. Der Obelisk des **Nationaldenkmals** erinnert an die Opfer des Zweiten Weltkriegs. Auf der Südseite des Platzes liegt das Wachsfigurenkabinett von **Madame Tussauds** (Dam 20, www.madametussauds.com; Kernzeit tgl. 10.00 bis 20.00 Uhr). Gegenüber prunkt der Mitte des 17. Jh. urspr. als Rathaus errichtete **Königliche Palast;** wenn die königliche Familie anwesend ist, kann der klassizistische Prachtbau nicht besichtigt werden, ansonsten lohnt sein Inneres vor allem wegen des eindrucksvollen Bürgersaals einen Besuch (Koninklijk Paleis, www.paleisamsterdam.nl; 10.00–17.00 Uhr an Tagen ohne königliche Veranstaltungen). Die spätgotische **Nieuwe Kerk** ist die Krönungs- und Hochzeitskirche des holländischen Königshauses, sonst dient sie Kunstausstellungen und Orgelkonzerten (www.nieuwekerk.nl; tgl. 10.00–18.00, Do. 10.00–20.00 Uhr).
Amsterdams älteste Kirche, die ② **Oude Kerk,** wurde im späten 13. Jh. erbaut (heutiger Bau 14. Jh.); in ihrem Inneren befinden sich rund 2500 Gräber, darunter auch das der Ehefrau Rembrandts von Rijn (www.oude kerk.nl; Mo. bis Sa. 10.00–18.00, So. 13.00–17.30 Uhr). Von ihrem Westturm genießt man einen Blick über die Stadt (April–Okt. Mo.–Sa. 12.00–18.00 Uhr). Die Kirche ist Veranstaltungsort für Konzerte und Ausstellungen meist moderner Kunst.

Amsterdam, ein Hausbootparadies: Prinsengracht (links). Die Westerkerk mit ihrem Turm (rechts oben). Hof im Jordaan (rechts unten)

GRACHTENGÜRTEL
Zu den schönsten von Amsterdams noch 165 Grachten gehören die drei parallel verlaufenden Wasserwege ⑨ **Herengracht,** ⑩ **Keizersgracht** und **Prinsengracht** ⑪. Im 1607 bis 1678 errichteten ⑲ **Het Grachtenhuis** erfährt man alles über die Entstehung des Grachtengürtels im 17. Jh. (Herengracht 386, www.hetgrachtenhuis.nl; Di.–So. 10.00 bis 17.00 Uhr). In der ㉔ **Westerkerk,** Amsterdams größte Kirche im Renaissancestil (bis 1631), wurde 1669 der Maler Rembrandt von Rijn begraben. Glockenspiel und Orgel sind bemerkenswert. Bekannter als die Kirche selbst ist ihr 85 m hoher aussichtsreicher Turm – auch „Langer Jan" genannt (Prinsengracht 281; Mo.–Fr. 10.00–15.00 Uhr, April–Nov. auch Sa.). In den ⑳ **9 Straatjes,** neun kleinen Handwerkerstraßen zwischen den Vorzeigegrachten, haben sich viele Geschäfte, Galerien und Cafés angesiedelt (https://de9straatjes.nl).

AUSSERHALB DES GRACHTENGÜRTELS
Westlich der Prinsengracht liegt das mittlerweile sehr gefragte Kiezviertel ㉕ **Jordaan** mit engen Gassen, trendigen Geschäften, Restaurants und Cafés. Einst war es das Viertel der Arbeiter, Handwerker und Dienstboten und bot bis ins 20. Jh. schlimmste Wohnbedingungen. Im Wissenschaftszentrum ⑤ **NEMO** im alten Hafen können Kinder und Junggebliebene nach Herzenslust experimentieren. Das Gebäude mit der grünen Kupferfassade wirkt wie ein aus dem Wasser ragender Schiffsbug und wurde von Renzo Piano entworfen (Oosterdok 2, www.e-nemo.nl; Mitte Febr.–Mitte Sept. tgl. 10.00–17.30, sonst Di.–So. 10.00–17.30 Uhr. Zugang zur Dachterrasse frei). Im ⑦ **Hortus Botanicus,** dem aus einem Heilkräutergarten des 17. Jh. entstandenen Botanischen Garten, werden rund 4000 Pflanzenarten kultiviert, in den Gewächshäusern auch solche aus den Tropen und Wüsten der Erde. Für eine entspannende Pause eignet sich das Café in der

Orangerie (Plantage Middenlaan 2a, www.dehortus.nl; tgl. 10.00–17.00 Uhr). Am 8 **Rembrandtplein** warten viele Restaurants und Cafés auf Besucher, die natürlich auch einen Blick auf die lebensgroßen Bronzeskulpturen werfen, die Rembrandts Bild „Die Nachtwache" zeigen und 2006 zum 400. Geburtstag des Malers aufgestellt wurden.
Das erste Heineken-Bier wurde 1867 in Amsterdam gebraut. Dort, wo bis 1988 das Stammhaus der Brauerei war – heute wird am Stadtrand produziert – ist das 12 **Heineken Experience** zu finden, das multimedial die Geschichte der Brauerei und die Geheimnisse des Bierbrauens erläutert (Stadhouderskade 78, www.heinekenexperience.com; Juli und Aug. tgl. 10.30–19.30, sonst Mo.–Do. 10.30–19.30, Fr.–So. 10.30– 21.00 Uhr).

Museen

KUNSTMUSEEN

Das staatliche 13 **Rijksmuseum** TOPZIEL gehört zu den größten Museen der Welt. Wer alles sehen möchte, hat 80 Säle vor sich. Beginnen sollte man mit der Ehrengalerie, wo Rembrandts monumentale „Nachtwache" zu bewundern ist. Danach kann man sich dann Vermeer, van Dyck und der Sammlung antiker Gegenstände widmen (Museumstraat 1, www.rijksmuseum.nl; tgl.9.00–17.00 Uhr). Der weltweit wahrscheinlich populärste Künstler wird im 14 **Van Gogh Museum** TOPZIEL gewürdigt. Auf drei Stockwerken sind in chronologischer Abfolge 200 Gemälde und 500 seiner Zeichnungen zu sehen; aber auch seine Zeitgenossen und van Goghs Arbeitsweise werden beleuchtet (Museumplein 6, www.vangoghmuseum.nl; tgl. Mai–Aug. 9.00–19.00, Sa bis 21.00, Sept. und Okt. tgl. 9.00–18.00, Fr. bis 21.00, sonst tgl. 9.00-15.00, Fr bis 21.00 Uhr). Das 14 **Stedelijk Museum** gibt einen Überblick über die Kunstströmungen vom 19. bis zur Mitte des 20. Jh. Wechselnde Ausstellungen widmen sich Hochkarätern von Monet bis Picasso, Cézanne bis Renoir, von amerikanischer Pop Art bis zu aktueller britischer Kunst. Auch Werke von Andy Warhol, Kandinsky, Jeff Koons und Jean Tinguely sind neben vielen anderen vertreten (Museumplein 10, www.stedelijk.nl; tgl. 10.00–18.00, Fr. 10.00–22.00 Uhr).

Tipp

Eintritt frei!

Mit der I Amsterdam City Card kann man alle öffentlichen Verkehrsmittel nutzen, hat Eintritt zu Amsterdams beliebtesten Museen und Attraktionen und kann eine Kanalrundfahrt unternehmen.

INFORMATION
Die City Card ist bei I Amsterdam und weiteren Verkaufsstellen, auch in Hotels und im Voraus online bei www.iamsterdam.com für 24 Std. (59 €), 48 Std. (74 €), 72 Std. (84 €) und 96 Std. (94 €) erhältlich.

Im „Café Americain" (links). Kultureller Aufbruch in Noord: NDSM-Plein (rechts oben). Wissenschaftszentrum NEMO (rechts unten).

SONSTIGE MUSEEN

Wer sich für die Vergangenheit, Gegenwart und Zukunft der Stadt interessiert, sollte dem 23 **Amsterdam Museum** einen Besuch abstatten (Kalverstraat 92, www.amsterdammuseum.nl; tgl. 10.00–17.00 Uhr). Mehr als zwei Jahre versteckte sich Anne Frank mit ihrer Familie in einem Hinterhaus an der Prinsengracht 263. Doch die Familie wurde verraten und in Konzentrationslager deportiert. Annes Tagebuch ist weltberühmt und wurde u.a. von Hans Steinbichler verfilmt. Das 24 **Anne Frank Huis** bietet historische Dokumente und Hintergrundinformationen (Prinsengracht 263–267, www.annefrank.org; April–Nov. tgl. 9.00 bis 22.00, sonst tgl. 9.00–19.00, Sa. bis 21.00 Uhr. Achtung: Die Tickets müssen online im Vorverkauf erworben werden). Der monumentale Bau, in dem heute das 6 **Het Scheepvaartmuseum** untergebracht ist, diente früher als Marinearsenal. Hier werden 500 Jahre maritime Vergangenheit beleuchtet, unter anderem mit Schiffsmodellen und Navigationsinstrumenten. Vor dem Museum kann der Nachbau des Dreimasters „Amsterdam"besichtigt werden, eines 1749 vor England gesunkenen Ostindienseglers (Kattenburgerplein 1, www.hetscheepvaartmuseum.nl; tgl. 9.00–17.00 Uhr).

Einkaufen

21 **De Kaaskamer van Amsterdam** bietet 400 verschiedene Käsesorten (Runstraat 7, www.kaaskamer.nl; Mo. 12.00–18.00, Di.–Fr. 9.00–18.00, Sa. 9.00–17.00, So. 12.00–17.00 Uhr). Im neugotischen Gebäude der früheren Hauptpost (bis 1899) verlockt heute das 22 **Magna Plaza Shopping Center** mit einer großen Auswahl vor allem für Mode und Schmuck (Nieuwezijds Voorburgwal 182, www.magnaplaza.nl; Mo. 11.00–19.00, Di.–Sa. 10.00–19.00, So. 12.00–19.00 Uhr). Nur ein paar Schritte weiter liegt am Dam **De Bijenkorf** (Bienenkorb; www.debijenkorf.nl), das um 1910 errichtete bekannteste Warenhaus der Stadt, .

Erleben

RUNDFAHRTEN

Klassiker ist die einstündige 3 **100-Highlights-Rundfahrt** durch die Grachten der Stadt ab dem Holland International Rundfahrtpier (Prins Hendrikkade 33a, gegenüber Hauptbahnhof, www.stromma.nl/amsterdam; tgl. 9.00–18.00 Uhr alle 30 Min.).

ERHOLUNG

Der nach dem Nationaldichter Joost van den Vondel benannte 16 **Vondelpark** (fast 50 ha) ist eines der beliebtesten Naherholungsgebiete der Stadt. Der Park animiert zum Radfahren, Joggen, Spazierengehen oder Picknicken. Auf drei Open-Air-Bühnen gibt es immer etwas zu sehen, und die beiden Restaurants laden zu Pausen ein. In den umliegenden Straßen verlocken Flaggshipstores der internationalen Elite.

NACHTLEBEN

Um den 18 **Leidseplein** liegen Kinos, Theater, Hotels, Restaurants, Kneipen und Bars für jeden Geschmack.

Amsterdams Zentrum bietet seinen Besuchern nahezu 9000 Baudenkmäler.

THEATER UND MUSIK

Liebhaber klassischer Theater- und Ballettaufführungen zieht es in die 18 **Stadsschouwburg**, das 1894 eröffnete Stadttheater (www.stadsschouwburgamsterdam.nl). Das 15 **Concertgebouw,** eine neoklassizistische Konzerthalle von 1888, begeistert Freunde klassischer Musik vor allem mit grandioser Akustik (Concertgebouwplein 10, www.concertgebouw.nl). In der Nähe des Hauptbahnhofs zählt das moderne 4 **Muziekgebouw aan't IJ** zu den besten Veranstaltungsorten Amsterdams mit einem breiten Spektrum von alter Musik über Jazz und Weltmusik bis zu neuen, experimentellen Klängen (Piet Heinkade 1, www.muziekgebouw.nl).
Im Kulturzentrum 17 **Melkweg** treten hochkarätige internationale Künstler und Bands auf (Lijnbaansgracht 234a, www.melkweg.nl).

6 Hotels & Restaurants

HOTELS

Von dem schönen Grachtenhaus €€€/€€ **Seven Bridges** im Herzen der Altstadt kann man sieben Brücken sehen; auch die stilvoll mit Antiquitäten eingerichteten Zimmer können sich sehen lassen (Reguliersgracht 31, NL-1017 LK Amsterdam, Tel. 02 06 23 13 29, www.seven bridgeshotel.nl).
Das €€€/€ **Lloyd Hotel** bezeichnet sich als erstes ein bis fünf Sterne Design Hotel der Welt; alle Zimmer in dem 100 Jahre alten Backsteingebäude sind von bekannten Designern modern gestaltete Unikate (Ostelijke Handelskade 34, NL-1019 BN Amsterdam, Tel. 02 05 61 36 00, www.lloydhotel.com).

RESTAURANTS

Egal, ob Fünf-Uhr-Tee oder Jazz-Brunch am Sonntag, das €€€/€€ **Café Americain** in Vondelparknähe erfreut sich schon wegen des Jugendstilinterieurs großer Beliebtheit. Wer beim Frühstück, Lunch oder Dinner nach Promis Ausschau hält, wird früher oder später fündig (Leidsekade 97, Tel. 02 05 56 30 10, http://cafeamericain.nl). Früher diente das Stelzenhaus an der Hafenmole des ehemaligen Holzhafens als Hubschrauberlandeplatz, dann als TV-Sendezentrale; heute beherbergt es das €€ **REM Island Restaurant.** Beim Drei- oder Viergängemenü hat man genügend Zeit, die Aussicht über den Hafen zu genießen (Haparandadam 45-2, Tel. 02 06 88 55 01, www.remeiland.com). Im €€ **De Kas** ist alles garantiert bio. Man speist in einem 90 Jahre alten Gewächshaus des Frankendael Parks; die Zutaten kommen aus eigenem Anbau und sind so frisch, wie sie nur sein können (Kamerlingh Onneslaan 3, Tel. 02 04 62 45 62, www.restaurantdekas.nl). Der Name € **Upstairs** ist durchaus Programm, denn bevor man sich der Speisekarte mit der Riesenauswahl an Pfannkuchen widmen darf, muss man eine steile Treppe hinauf; das wohl kleinste Restaurant Europas mitten in Amsterdams Altstadt hat nur vier Tische (Grimburgwal 2, Tel. 02 06 26 56 03, www.upstairspannenkoeken.nl).

Genießen   Erleben   Erfahren

DuMont Aktiv

Mit dem Fahrrad durch Amsterdam

Amsterdam ist die Fahrradhauptstadt der Welt. Deswegen ist eine Stadttour auf zwei Rädern auch ein ganz spezielles Erlebnis.

„When in Rome, do as the Romans do." Auf Amsterdam bezogen, ist dieses alte Sprichwort nichts anderes, als die Aufforderung, zur Stadtbesichtigung aufs Fahrrad zu steigen. Das macht Sinn, denn in Amsterdam sind die Fahrradfahrer die Könige, denen auch die Autofahrer ihre Referenz erweisen. Bereitwillig halten sie für die Radler an – haben aber, ob deren schierer Menge, auch gar keine andere Wahl. Breite, gut ausgebaute Fahrradwege, eigene Unterführungen für Radler, sogar Fahrradparkhäuser und Wegweiser nur für Pedalritter sorgen für die perfekte Infrastruktur. An jeder Ecke gibt es einen Fahrradverleih, auch geführte Touren kann man buchen. Das eigene Fahrrad braucht daher keiner mitzubringen – eine Gangschaltung ist hier ohnehin überflüssig. Und Luxusbikes sind zudem extrem diebstahlgefährdet.

Damit man sich nicht den Zorn der Einheimischen zuzieht, sollte man ein paar Regeln auf dem Rad beachten. Tempowechsel sind auf dem Fahrradweg nicht gern gesehen. Am besten rollt man einfach mit der Masse mit. Und spontanes Anhalten ist ebenso verpönt wie ohne Vorwarnung abzubiegen.

Fahradverleih

Die **Tagespreise** fürs Mietfahrrad belaufen sich zwischen 5 und 10 €. Preisvergleiche lohnen sich bei längerfristigem Mieten. **Mac Bike** ist größter Anbieter (Leidseplein/ Weteringschans 2, Waterlooplein 199, Centraal Station/Stationsplein 12, Overtoom 45, Oosterdokskade 63A, www.macbike.nl/de). **Mike´s Bike Tours** bietet geführte Touren (ab Prins Hendrikkade 176; Fahrradverleih Kerkstraat 134, www.mikesbiketoursamsterdam.com).
Auch **Orange Bikes** bieten geführte Touren an (Buiksloterweg 5C, www.orange-bike.nl/amsterdam/de). **Rent a Bike Damstraat** zeichnet sich durch zentrale Lage, günstige Langzeitmieten und geführte Touren aus (Damstraat 20–22, www.rentabike.nl). **Star Bikes Rental** ist in Bahnhofsnähe zu finden (De Ruyterkade 127, www.starbikesrental.com). Auch **Yellow Bikes** haben Fahrradtouren im Programm (Nieuwezijds Kolk 29, www.yellowbike.nl).

Radtourgruppe vor dem Rijksmuseum

Rund ums IJsselmeer

Nördlich von Amsterdam erstreckt sich die Provinz Nordholland als Halbinsel bis zur Kette der Westfriesischen Inseln. Vielfältig zeigen sich die Käsestädte Alkmaar und Edam, die Hafenstädte Enkhuizen und Hoorn, zudem Haarlem mit seinem alten Stadtkern. Auf der anderen Seite des IJsselmeeres liegt Flevoland, die jüngste Provinz der Niederlande, dem Meer abgerungen.

Käse gehört zu Holland: Alkmaars Käseträger bilden seit 1593 eine angesehene Gilde

Zaandam ist besonders bemerkenswert, und es gäbe genug zu malen für ein ganzes Leben", schrieb Claude Monet während seines mehrmonatigen Aufenthalts 1871 an seinen Freund und Kollegen Camille Pissarro. „Häuser in allen Farben, Hunderte von Mühlen und wunderschöne Boote." Vor allem die idyllische Landschaft um das nahe bei Amsterdam gelegene Hafenstädtchen hatte es ihm so angetan, dass er während seiner Zeit in Zaandam rund zwei Dutzend Gemälde schuf, eines, „De Voorzaan en de Westerhem", zählt heute zu den bedeutendsten Ausstellungsstücken des örtlichen Museums.

Auch der Kunsthistoriker und Schriftsteller Henry Havard, ein Zeitgenosse Monets, schwärmte von dem Ort: „Wir befinden uns jetzt an der Mündung der Zaan. Vor uns erblicken wir das hübsche Dorf, das fröhlich aus einer Laubmasse emporragt. Es sind schwarze oder graue Häuser, gelbe oder grüne, mit bizarren Formen und seltsamem Schmuck."

Das erste Industriegebiet

Zu Monets und Havards Zeit war die Region durchaus malerisch und zog immer mehr Touristen an. Wären sie hingegen gut 150 Jahre früher gekommen, hätten

Albert Lortzings Oper „Zar und Zimmermann" spielt in Zaandam

sie die Blütezeit eines der ersten Industriegebiete der Welt miterlebt. Rund 600 Windmühlen sägten Balken und Bretter, pressten Öl, mahlten Mehl und Pigmente. Entlang dem Fluss lagen Werften, und der internationale Handel florierte, bis Kriege und eine Wirtschaftsflaute Mitte des 18. Jahrhunderts die Blütezeit beendeten. Heute werden in Zaandam vor allem Lebensmittel produziert – darunter auch die in den Niederlanden bekannte Verkade-Schokolade.

Wer das malerische Zaandam erleben möchte, von dem Monet so geschwärmt

Zwei große Freilichtmuseen lassen die Niederlande früherer Zeiten aufleben: Zaanse Schans bei Zaandam (oben) und das Zuiderseemuseum von Enkhuizen (Mitte und unten). Dort lässt sich durch Grachten schippern und dem längst vergangenen Inseldasein auf Urk nachspüren

Sägewindmühlen in Zaanse Schans wie zu Zeiten von „Zar und Zimmermann“: Im 17. Jahrhundert waren die Holländer die führende Schiffbaunation. Grund genug für den russischen Zaren Peter I., als einfacher Handwerker ins Land zu reisen und den Schiffbau hier von der Pike auf zu erlernen

Jahrhundertelang war Holland viel wasserreicher als heute; große Landstriche sind noch nicht so lange trockengelegt. Und so ist es nur natürlich, dass auch Käse auf Booten transportiert wurde – wie hier zum Käsemarkt in Alkmaar.

So kennt man Holland – und seine Käselandschaft: Die Käsemädchen sind dafür da, für die holländischen Milchprodukte zu werben

Hier haben einige Käselaibe ihren Käufer gefunden und werden von den Käseträgern zur Waage gebracht.

Fischerei und Fernhandel sind im Norden Hollands schon lange keine verlässlichen Erwerbsquellen mehr. An ihre Stelle traten Blumenzucht und Tourismus

hat, muss das weitläufige Freilichtmuseum Zaanse Schans besuchen. Hier gibt es noch die kleinen, bunten Häuser am Fluss, und einige Windmühlen sind noch in Betrieb.

Käse und Kultur

Ebenso beschaulich geht es in den Käsestädten Alkmaar und Edam zu – wenn nicht gerade der traditionelle Käsemarkt abgehalten wird, der alljährlich Tausende Besucher anlockt. Beide Städtchen haben sich bis heute ihren historischen Charme erhalten. Man schlendert durch enge Gassen an alten Handelshäusern vorbei und staunt über die grachtenüberspannenden Zugbrücken. Haarlem ist zwar um einiges größer als die Käsestädte, doch die historische Altstadt lässt sich ebenso bequem zu Fuß erkunden. Im 17. Jahrhundert war Haarlem ein wichtiges kulturelles Zentrum der Niederlande, so ist es kein Wunder, dass gerade hier mit Frans Hals einer der berühmtesten Porträtmaler lebte. Wer es in Amsterdam zu trubelig findet, der wird sich im beschaulichen Haarlem, das auch „kleine Schwester von Amsterdam" genannt wird, wohlfühlen. Dünen und Strand sind übrigens auch nicht weit, die Haarlemer zieht es an Wochenenden in den Badeort Bloemendaal aan Zee und in den Nationalpark Zuid-Kennemerland.

Leben unter dem Meeresspiegel

Die Zuiderzee war eine flache, rund 100 Kilometer ins Land reichende Meeresbucht. 1932 wurde sie durch den 32 Kilometer langen Afsluitdijk vom Meer getrennt. Dieser schnurgerade Deich, der die Provinzen Friesland und Nordholland verbindet und über den eine Autobahn und ein Radweg führen, machte aus der Zuiderzee das IJsselmeer, einen riesigen Binnensee. Mit dem Deichbau war einerseits die Gefahr von Sturmfluten, die jahrhundertelang immer wieder für Überschwemmungen und viele Todesopfer verantwortlich waren, gebannt, andererseits bildete der Deich die Voraussetzung für die größte Landgewinnung

Anlässlich der alle fünf Jahre stattfindenden Sail Amsterdam treffen sich die Großsegler der Welt auf dem IJ – hier nach der Passage der Schleusen von IJmuiden, wo der 1876 eröffnete Noordzeekanaal mündet

Überall in Holland blieb das Erbe der Ostindien-Kompagnie sichtbar: in Kunst und Wissenschaft, Architektur und Seefahrt

in Mitteleuropa. Bis 1986 entstand eine neue Provinz – Flevoland, deren Hauptstadt Lelystad nach dem Ingenieur und Politiker Cornelius Lely benannt ist, der die treibende Kraft bei der Eindeichung und Landgewinnung war.

Auch wenn es auf den ersten Blick kaum auffällt, bei einer Fahrt durch Flevoland bewegt man sich auf ehemaligem Meeresgrund – und befindet sich fünf bis sechs Meter unter dem Meeresspiegel. Flevoland bildet einen der größten „trockenen" Schiffsfriedhöfe, denn bis jetzt wurden schon mehr als 400 Wracks gefunden. Damit die Bewohner des vom Meer abgerungenen Landes nicht irgendwann wieder im Wasser stehen, muss allerdings kontinuierlich Wasser abgepumpt werden. Ein Denkmal dieses ewigen Kampfes mit der nassen Natur ist das Wouda-Schöpfwerk bei Lemmer. 1920 hatte das größte dampfgetriebene Pumpwerk der Welt seinen Betrieb aufgenommen. Unverändert fünf- bis sechsmal im Jahr versehen die Maschinen ihren Dienst.

Inseln auf dem Trockenen

Im Bereich des heutigen Noordoostpolders gab es einst zwei Zuiderzee-Inseln, Schokland und Urk. Wer weiß, wo sie gelegen haben, erkennt sie heute als minimale Erhebungen in der ansonsten platten Polderlandschaft. Urk ist heute ein Fischerdorf an der Küste des IJsselmeeres und wegen seiner schönen, alten Häuser ein beliebtes Ausflugsziel. An das frühere Inseldasein erinnert nur noch der Hinweis, man wohne „auf Urk" und nicht „in Urk". 1859 verließen die letzten Bewohner Schokland, seit 1942 ist es eine „Insel auf dem Trockenen" und Symbol der Niederlande im Kampf gegen das Wasser.

Cor Wisse kennt die Geschichte von Schokland, und er erzählt sie gern. Die Umrisse des einstigen Eilands, den ehemaligen Hafen kann man noch erahnen. Von den beiden Dörfern Ens und Emmeloord sind nur wenige Häuser geblieben. Sie beherbergen heute ein kleines Museum. Doch die beiden Ortsnamen leben weiter: Das neue Dorf Ens liegt etwas weiter östlich als einst, und Emmeloord mitten im Noordoostpolder ist mit 25 000 Einwohnern der größte Ort weit und breit. Cor erzählt auch vom harten Leben der Inselbevölkerung, von den laufenden Überschwemmungen, die Ackerbau und Viehzucht fast unmöglich machten. Den einzigen Schutz vor dem Wasser bot eine hölzerne Ufermauer, auf deren Planke konnte man einigermaßen trockenen Fußes von Ens nach Emmeloord gelangen – wenn nicht gerade Hochwasser herrschte. Diese Planke war

Muiderslots Geschichte reicht gut 800 Jahre zurück (ganz links). Frans Hals Museum in Haarlem: Der hier ausgestellte Maler Cornelis Corneliszoon van Haarlem gilt als einer der führenden Künstler des niederländischen Manierismus und als wichtiger Vorgänger von Frans Hals (links)

Haarlems Grote Kerk besitzt eine weithin gerühmte Müller-Orgel aus dem 18. Jahrhundert mit mehr als 5000 Pfeifen, auf der schon Mozart und Händel spielten

Am Haarlemer Markt steht auch das Rathaus aus dem 14. Jahrhundert, das bis 1633 seine schöne Renaissancefassade erhielt

An Zeiten, in denen die heimkehrenden Fischer eine verlässliche Landmarke als Orientierung brauchten, erinnert der 1839 errichtete Leuchtturm Markens

Auch um Marken sollte großflächig Land gewonnen werden – ein Plan, der aufgegeben wurde, da Ökologie und der Wert als Naherholungsgebiet mittlerweile höher bewertet werden als die Vorteile eines zusätzlichen Polders

Gemütliche Gassen führen zum Hafen von Volendam, wo die Fähre nach Marken ablegt

Marken war bis 1957 eine Insel. Nunmehr verbindet sie ein breiter Deich mit dem Festland

jedoch so schmal, dass man bei Gegenverkehr den „Schokker Dans" vollführen musste. Dazu umfasste man sich an der Taille und drehte sich gleichzeitig.

Die neue Wildnis

Als die Provinz Flevoland entstand, sollte Oostvaardersplassen zwischen Almere und Lelystad zum Industriegebiet werden. Doch das 6000 Hektar große Gebiet ließ sich nicht trockenlegen, also beschloss man, es sich selbst zu überlassen. Entstanden ist ein in den Niederlanden einmaliges Ökosystem, ein riesiges Sumpfgebiet mit Röhricht, Wiesen und Seen. Ein großer Teil des Gebietes ist für die Öffentlichkeit nicht zugänglich, deshalb können sich Flora und Fauna wie in einem riesigen Freilandlabor ungestört entwickeln. Vor allem das Vogelleben, das sich von den Deichen gut beobachten lässt, ist äußerst vielfältig. Kormorane, Seeadler, Löffler, Rohrsänger und Schwarzstörche sind regelmäßige Gäste. Ins Auge fallen auch die Rehe, Rothirsche, Heckrinder und die aus Polen stammenden halbwilden Konik-Pferde.

Die Retortenstadt Almere

Als Schlafstadt für Amsterdam-Pendler geplant, nutzten bekannte Architekten wie Rem Koolhaas die Stadt von Anfang an als Experimentierfeld. So entstanden das kunterbunte Regenbogenviertel und die Wasserwohnungen an den Noorderplassen. Ein echtes Zentrum entwickelte sich allerdings erst ab 1994. Auch dies ein Zeichen für eine Retortenstadt, denn die Keimzelle einer jeden im Laufe von Jahrhunderten gewachsenen Stadt, das Zentrum, hatte man schlichtweg vergessen. Heute bietet auch das Stadtzentrum von Almere Spektakelbauten wie das Multiplexkino „Utopolis" und das Einkaufszentrum „Citadel".

Soviel Experimentierfreudigkeit ruft allerdings immer auch Kritiker auf den Plan: 2008 wurde Almere von den Lesern der überregionalen Tageszeitung „De Volkskrant" zum hässlichsten Ort der Niederlande gekürt.

Die schönsten Märkte

Jeweils eine Welt für sich

Wo erschließt sich ein Land besser als auf seinen Märkten? Natürlich haben Wochenmärkte auch in den Niederlanden eine lange Tradition. Und was einst überschaubar begann, wurde mit den Jahren zu einem Universum – der Albert Cuypmarkt beispielsweise. Dass Märkte nicht ein Überbleibsel vergangener Zeiten sind, zeigt eindrucksvoll die Markthalle in Rotterdam.

1 Bloemenmarkt in Amsterdam

Wie in vielen Grachten liegen auch entlang der Singelgracht alte Lastkähne am Ufer vertäut. Auf ihnen findet das ganze Jahr über ein „schwimmender" Blumenmarkt statt. Das Angebot an Schnittblumen, Topfpflanzen und Zwiebeln ist riesig– und weil der Platz auf dem Wasser nicht mehr reicht, auch an Land. Viele Touristen würden gerne Zwiebeln gleich säckeweise für den heimischen Garten einkaufen, doch wie die Schnäppchen nach Hause bekommen?

Bloemenmarkt, Singelgracht, Amsterdam; Mo.–Fr. 8.30–19.00, Sa. und So. 8.30 bis 19.30 Uhr

2 Albert Cuypmarkt in Amsterdam

Seinen Namen verdankt der mittlerweile größte Markt in Amsterdam dem Landschaftsmaler Albert Cuyp. Ursprünglich gab es hier nur einen kleinen Flohmarkt, doch mittlerweile erstreckt sich der Markt über die gesamte Straßenlänge. Die Amsterdamer sind hier ebenso oft auf Schnäppchenjagd wie die Touristen. Rund 20 000 Besucher schieben und drängeln sich an Sommertagen an den mehr als 300 Verkaufsständen vorbei. Kein Wunder, denn hier findet man wirklich alles – neu oder gebraucht. Kleidung, Haushaltsartikel, Fisch, Obst, Gemüse, Kräuter, Blumen, Tee und vieles mehr. Wer beim Bummel über den Cuypmarkt hungrig wird, hat genügend Auswahl zwischen Fritten, Poffertjes und Pannenkoeken. Und wer seinen Füßen eine Pause gönnen möchte, geht in eines der Cafés oder Restaurants entlang der Straße.

Albert Cuypmarkt, Albert Cuypstraat, Amsterdam; Mo.–Sa. 9.00–17.00 Uhr

3 Käsemarkte in Alkmaar und Gouda

Alkmaar und Gouda gehören – wie auch Edam und Leerdam – zu den Käsestädten und besitzen alte traditionsreiche Käsemärkte. Heute sind alle Käsemärkte der Niederlande zwar nur noch Folklore für Touristen, ein Besuch lohnt aber trotzdem, denn das Feilschen zwischen Milchbauern und Käsehändlern ist farbenfroh und beruht auf jahrhundertealten Traditionen.

Alkmaar Kaasmarkt, Waagplein, Alkmaar, www.kaasmarkt.nl; April–Sept. Fr. 10.00–13.00, Juli und Aug. Di. 19.00–21.00 Uhr Abendkäsemarkt.
Gouda Kaasmarkt, Markt, Gouda, www.goudakaasstad.nl; April bis Sept. Do. 10.00–12.30 Uhr

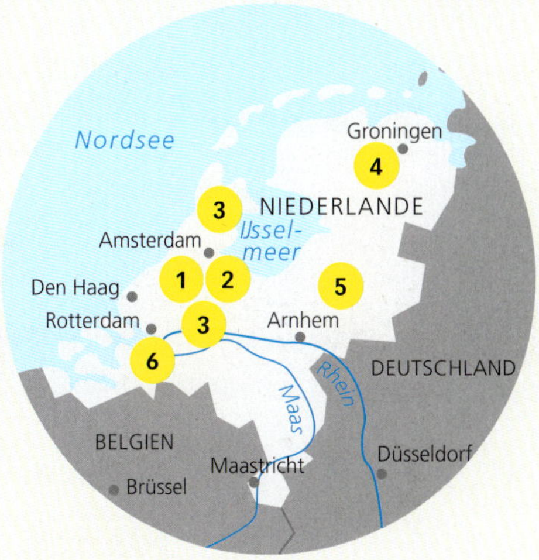

4 Bloemenjaarmarkt in Groningen

Der größte Blumen- und Pflanzenmarkt in den nördlichen Niederlanden findet traditionsgemäß in Groningen statt. Am Karfreitag kommen seinetwegen mehr als 100 000 Besucher in die Stadt, davon viele aus Deutschland. Über 100 Marktstände bieten frische Schnittblumen, Zimmerpflanzen, Blumenzwiebeln, Saatgut, Gartenpflanzen und darüber hinaus jegliches Handwerkzeug und Zubehör. An diesem Tag liegt über der Stadt der Duft von Blumen und Frühling.

Bloemenjaarmarkt, Zentrum von Groningen (Oude Ebbingestraat, Grote Markt, Waagplein, Vismarkt und A-Kerkhof), www.bloemenjaarmarkt.nl; Karfreitag 9.00–17.00 Uhr

5 Lapjesmarkt von Utrecht

Ein Paradies für Schneider und Schneiderinnen: Der Lapjesmarkt von Utrecht ist der größte und älteste Stoffmarkt in den Niederlanden. Hier werden schon seit 1597 Stoffe gehandelt. Allerdings durfte man damals nur zweimal im Jahr einen Markt abhalten, heute dagegen werden jeden Samstag Stoffe entlang der Breedstraat verkauft.

Lapjesmarkt, Breedstraat, Utrecht; Sa. 8.00–13.00 Uhr

6 Markthal Rotterdam

Die 2014 eröffnete Markthalle von Rotterdam ist mehr als nur Verkaufsfläche für Obst, Fisch, Fleisch, Gemüse und Blumen; sie ist auch ein Highlight moderner Architektur. In dem elfstöckigen hufeisenförmigen Gebäude kann man nämlich auch wohnen. Aus den Fenstern der meisten der 228 Wohnungen schaut man auf die Marktstände hinunter. Spektakulär ist das riesige Deckengemälde, das eine Wiesenlandschaft aus Insektenperspektive zeigt. Es besteht aus etwa 4000 Glasscheiben, jede einzelnhalb mal eineinhalb Meter groß. Wegen des Gemäldes hat die Halle den etwas unbescheiden klingenden Spitznamen „Sixtinische Kapelle" Rotterdams bekommen. Was erstaunt: Obwohl es in den Niederlanden nicht zu knapp regnet, waren überdachte Märkte dort unbekannt – die Markthalle in Rotterdam ist der erste Lebensmittelmarkt im Land mit Wetterschutz.

Markthal Rotterdam, D. J. Scharpstraat, Rotterdam, www.markthal.nl; Mo.–Do. und Sa. 10.00 bis 20.00, Fr. 10.00–21.00, So. 12.00–18.00 Uhr

Maßstab 1:800.000
0
10km
Noordzee
Waddeneilanden
Waddenzee
Terschelling (Skylge)
Ameland (It Amelân)
Vlieland (Flylân)
Texel
IJsselmeer
Markermeer
Noordoostpolder
Flevoland
West-Friesland
Den Helder
Alkmaar
Bergen
Hoorn
Enkhuizen
Lelystad
Edam
Volendam
Purmerend
ZAANSTAD
AMSTERDAM
Almere
HAARLEM
Zandvoort
Heemstede
IJmuiden
Beverwijk
Amstelveen
Hilversum
Noordwijk
LEIDEN
Alphen a.d. Rijn
DEN HAAG 'S-GRAVENHAGE
Delft
ROTTERDAM
ZOETERMEER
Gouda
UTRECHT
AMERSFOORT
Zeist
Nieuwegein
DORDRECHT
Harlingen (Harns)
Leeuwarden (Ljouwert)
Sneek (Snits)
Workum
Kampen
Zwolle
Dronten
Harderwijk
APELDOORN
Ede
ARNHEM
NIJMEGEN
Oss
's-Hertogenbosch
Urk
Emmeloord
Newcastle-upon-Tyne
Kingston upon Hull
Harwich
1
2
3
4
5
6

An IJssel- und Markermeer

Rund um die ehemalige Zuiderzee, heute IJssel- und Markermeer, lagen im „goldenen" 17. Jahrhundert prosperierende Hafenstädte. Bis heute zeugen lebendige Häfen und stolze Kaufmannshäuser von diesem Wohlstand. Dem Meer abgerungene Polder bilden Flevoland, die jüngste Provinz des Landes. Tulpenfelder und teils futuristisch anmutende Städte machen ihren Reiz aus.

1 Haarlem

Im „goldenen" 17. Jh. blühten das kulturelle Leben und besonders die Malerei durch ihren bekanntesten Vertreter Frans Hals in Haarlem (160 000 Einw.). Zu Wohlstand, der sich in vielen historischen Bauwerken widerspiegelt, gelangte die Stadt durch Textilherstellung.

SEHENSWERT

Der **Grote Markt** bildet das Zentrum der **Altstadt** TOPZIEL, gesäumt von sehenswerten historischen Bauten. Herausragend, nicht nur wegen ihres 80 m hohen Turmes, ist die spätgotische **Grote Kerk** mit Urspr. im 14. Jh. (Sint Bavokerk; Mo.–Sa. 10.00–17.00, Juli und Aug. auch So. 12.00–17.00 Uhr). Am Markt befindet sich auch das Haarlemer Rathaus mit schöner Renaissancefassade. Das Ensemble **De Hallen** aus Vleeshal (Renaissance, um 1600) und Verweyhal (neoklassizistisch, 19. Jh.) wird heute für Ausstellungen moderner Kunst genutzt (Grote Markt 16, www.dehallen.nl; Di.–Sa. 11.00–17.00, So. 12.00–17.00 Uhr). Auch in der ehem. Fischhalle wird Kunst gezeigt (Vishal, Grote Markt 20, www.devishal.nl; Di.–Sa. 11.00 bis 17.00, So. 13.00–17.00 Uhr). Östl. des Zentrums kommt man zum Fluss und zur **Molen de Adriaan**, einer beeindruckenden Galeriemühle von 1779 (Papentorenvest 1 a, www.molenadriaan.nl; März–Okt. Mo.–Fr. 13.00 bis 17.00, Sa. und So. 10.30–17.00 Uhr, sonst kürzer).

MUSEEN

Im **Frans Hals Museum** werden die wichtigsten Werke des berühmten flämischen Malers (1580–1666) präsentiert. Auch Portraits, Stillleben und Landschaften von weiteren Malern des 17. Jh. sind zu sehen (Groot Heiligland 62, Tel, 02 35 11 57 75, www.franshals museum.nl; Di.–Sa. 11.00–17.00, So. 12.00 bis 17.00 Uhr). Das älteste Museum der Niederlande, das **Teyler Museum**, wurde 1784 eröffnet und präsentiert die Sammlung des Seidenhändlers Pieter Teyler van der Hulst; neben Kunst gibt es auch Naturkundliches (Spaarne 16, www.teylersmuseum.nl; Di.–Fr. 10.00–17.00, Sa. und So. 11.00–17.00 Uhr).

HOTEL UND RESTAURANT

Die schnörkellosen Luxus-Hotel-Appartements des **€€€ Boulevard 5** überzeugen vor allem durch den Blick auf Strand und Meer (Boulevard Paulus Loot 5, NL-2042 AD Zandvoort, Tel. 02 35 71 26 13, www.boulevard5.nl).
Von der Terrasse des **€ Grand Café Brinkmann** kann man dem Treiben auf Haarlems Marktplatz zuschauen; wenn das Wetter mal nicht mitspielt, ist der historische Gastraum eine gute Alternative (Grote Markt 13, Tel. 02 35 32 31 11, www.grandcafebrinkmann.nl; tgl. 8.00–24.00 Uhr).

UMGEBUNG

Im 10 km westl. gelegenen Seebad **Zandvoort** kann es wegen des kilometerlangen Sandstrandes und der Nähe zu Amsterdam im Sommer recht voll werden. Durch das weitläufige Dünengebiet, den nördl. gelegenen Nationalpark Zuid Kennemerland sowie viele Wander- und Radwege gibt es aber genügend Möglichkeiten, dem Gewimmel an der Strandpromenade zu entfliehen.

INFORMATION

VVV Haarlem, Grote Markt 2, Stadhuis (Rathaus), NL-2011 RD Haarlem, Tel. 02 35 31 73 25, www.haarlemmarketing.nl

2 Zaandam

Der Landstrich um den Fluss Zaan mit dem Ort Zaandam (77000 Einw.) gilt als frühes Industriegebiet Europas, denn schon im 17. Jh. gab es hier rund 1000 Windmühlen und 65 Werften.

MUSEEN

Für das Freilichtmuseum **Zaanse Schans** TOPZIEL wurden historische Holzhäuser und Windmühlen aus Zaandam und Umgebung originalgetreu am Flussufer wieder aufgebaut. Einige Häuser sind bewohnt, andere dienen als Souvenirläden oder arbeitende Werkstätten (www.dezaanseschans.nl; Kernzeit tgl. 10.00 bis 17.00 Uhr, im Sommer länger). Das **Zaans Museum** bietet einen Überblick über die regionale Geschichte; der Verkade Pavillon ist die historische Produktionshalle des Schokoladenherstellers (Schansend 7, www.zaansmuseum.nl; April–Sept. tgl. 9.00–17.00 Uhr, sonst kürzer).

INFORMATION

VVV Informatiecentrum Zaandam, Stadhuisplein 96 NL-1500 GA Zaandam, www.zaanstreek.nl

Markens Hafenmeile (links). Giebel eines Kaufmannshauses in Zaanse Schans (rechts oben). Galionsfiguren in Enkhuizen (rechts unten)

3 Alkmaar

Schon vor 1622 wurde in Alkmaar (109 000 Einw.) ein Käsemarkt veranstaltet, der heute jedes Jahr rund 300 000 Besucher anzieht. Auch wenn sich in dem Ort anscheinend alles um Käse dreht, sind auch die Grachten, engen Gassen, Giebelhäuser und Zugbrücken rund um die gotische Sint-Laurenskerk sehenswert.

MUSEEN

Hollands Kaasmuseum befindet sich im alten Waaghuis aus dem 14. Jh. (Waagplein 2, www.kaasmuseum.nl; März–Okt. Mo.–Sa. 10.00–16.00 Uhr). Im **Stedelijk Museum** erfährt man alles über die goldenen Jahrhunderte und die Gegenwart der Stadt (Canadaplein 1, www.stedelijkmuseumalkmaar.nl; Di.–So. 11.00–17.00 Uhr). Das **Nederlands Biermuseum De Boom** ist in einer ehem. Brauerei untergebracht (Houttil 1, www.biermuseum.nl; Juni–Aug. Mo.–Sa. 11.00–16.30, sonst Mo.–Sa. 13.00–16.00 Uhr).

ERLEBEN

Der traditionelle **Käsemarkt** findet auf dem Waagplein statt (Ende März–Sept. Fr. 10.00 bis 12.30 Uhr).

INFORMATION

VVV Alkmaar, Waagplein 2, NL-1811 JP Alkmaar, Tel. 07 25 11 42 84, www.vvvhartvannoordholland.nl

Tipp

Blick auf goldene Zeiten

Auf der **Batavia-Werft** werden historische Schiffe aus dem Goldenen Zeitalter rekonstruiert, um die traditionellen Schiffbaukenntnisse für nachfolgende Generationen zu erhalten und Arbeitslose wieder in Lohn und Brot zu bringen. Den Nachbau des 1628 vom Stapel gelaufenen Handelsschiffes „Batavia" kann man besichtigen. Das 1665 in Dienst gestellte Kriegsschiff „De 7 Provinciën" ist noch in Arbeit.

INFORMATION

Bataviawerf, Bataviaplein 2, Oostvaardersdijk, Lelystad, www.bataviawerf.nl; tgl. 10.00–17.00 Uhr

Im Schokland Museum auf dem Noordoostpolder (links). Am Bahnhof von Lelystad (rechts oben). Der Hafen von Urk (rechts unten)

4 Edam

Beim Namen Edam denkt man an den kugelrunden, gelben Käse mit der roten Rinde, der seit Jahrhunderten auf dem Käsemarkt – heute allerdings nur noch für die Touristen – gehandelt wird. Edam (heute 36 000 Einw.) ist mit dem für seine Trachten bekannten ehemaligen Fischerdorf Volendam zusammengewachsen. Trotz der Blütezeit im 16. und 17. Jh., hauptsächlich durch Käsehandel, Fischfang und Werften, blieb Edam eine beschauliche Kleinstadt.

SEHENSWERT

Die gesamte Innenstadt mit ihren historischen Häusern und kleinen Grachten ist eine einzige Sehenswürdigkeit. Einen näheren Blick lohnt das **Rathaus** (1727) am Damplein mit Kuppelturm und einer Gemäldesammlung. Die spätgotische Grote Kerk (Urspr. 14. Jh.; Grote Kerkstraat) zeigt schöne Glasmalereien. Im **Edams Museum** wird in einem Haus aus dem 16. Jh. die Stadtgeschichte erzählt (Damplein 8, www.edamsmuseum.nl; April–Okt. Di.–Sa. 10.00 bis 16.30, Sa. und So. 13.00–16.30 Uhr).

ERLEBEN

Für Touristen wird ein **Käsemarkt** nach historischem Vorbild veranstaltet (www.kaasmarktedam.nl; Juli und Aug. Mi. 10.30–12.30 Uhr).

UMGEBUNG

Im Sommer kann man mit einer Fähre ab Volendam das autofreie ehem. Fischerdörfchen **Marken** besuchen, urspr. eine Insel. Das Heimatmuseum vermittelt einen Eindruck vom Alltagsleben der Inselbewohner vor dem Bau des Abschlussdeiches (Kerkbuurt 44, www.markermuseum.nl; April–Sept. Mo.–Sa. 10.00 bis 17.00, So. 12.00–16.00 Uhr, Okt. kürzer).

INFORMATION

VVV Edam, Damplein 1, Stadhuis (Rathaus), NL-1135 EL Edam, Tel. 02 99 31 51 25, www.vvv-edam.nl

5 Enkhuizen

Die wechselhafte Geschichte des 1000-jährigen Hafenortes (18 000 Einw.) hatte ihren Höhepunkt um 1600, als die Heringsfischerei boomte und die Niederländische Ostindien-Kompanie auch von hier aus Handel trieb. Mit der Eindeichung der Zuiderzee 1932 verlor die Stadt ihren Zugang zum Meer. Erst der aufkommende Tourismus und die Freizeitkapitäne brachten Enkhuizen wieder einen spürbaren Aufschwung.

SEHENSWERT

Den von schönen Kaufmannshäusern gerahmten **Hafen,** in dem historische Schiffe dicht an dicht liegen, bewacht der **Dromedaristurm,** ein Rest der Stadtbefestigung aus dem 16. Jh.

MUSEEN

Das **Zuiderzeemuseum** hat zwei Standorte. Das Binnenmuseum in der Nähe des Rathauses aus dem 17. Jh. veranschaulicht die Geschichte von Schifffahrt und Fischerei auf der Zuiderzee. Auf dem Freigelände, dem Buitenmuseum, wurden mehr als 100 Gebäude aus Orten an der ehem. Zuiderzee zusammengetragen, darunter Fischerhäuser, Werkstätten und Werften. In einigen werden traditionelle Handwerke gezeigt (Wierdijk 12–22, www.zuiderzeemuseum.nl; tgl. 10.00–17.00 Uhr, Freilichtmuseum nur April–Okt.).
In einem kleinen Haus der Altstadt ist eine der größten **Sammlungen von Buddelschiffen** zu sehen (Zuiderspui 1; tgl. 12.00–17.00 Uhr).

RESTAURANT

Im **€ € Drie Haringhe** speist man stilvoll in einem alten Gebäude am Hafen mit Blick auf den Dromedaristurm. Die Speisekarte orientiert sich an der französischen Küche (Dijk 28, Tel. 02 28 31 86 10, www.diedrieharinghe.nl; Mi. bis Sa. ab 17.00 Uhr, So. ab 11.30 Uhr).

UMGEBUNG

Auch das frühere Seefahrerstädtchen **Hoorn,** Namengeber der Südspitze Amerikas, von Kap Hoorn, war einst Sitz der Niederländischen Ostindien-Kompanie, deren Blüte und Wohlstand einst und bis heute das Stadtbild prägt.

INFORMATION
VVV Enkhuizen, Tussen Twee Havens 1,
NL-1601 EM Enkhuizen Tel. 02 28 31 31 64,
www.enkhuizenboeit.nl

6 Lelystad

Die Hauptstadt (77 000 Einw.) der Provinz Flevoland, ist nach dem Erbauer des Abschlussdeichs Cornelis Lely benannt. Der 1967 gegründete Ort wurde auf einem Polder rund 5 m Meter unter dem Meeresspiegel erbaut. Lelystad ist bekannt – und umstritten – wegen seiner modernen Architektur.

ERLEBEN
Oostvaardersplassen TOPZIEL ist das größte natürliche Feuchtbiotop der Niederlande, auf dessen Wasser- und Sumpfflächen Rinder, Pferde und Hirsche frei leben. Auf Wanderwegen und von Unterständen sind die Tiere gut zu beobachten. Man kann auch mit einem Förster auf Safari im Kerngebiet gehen (Bezucherzentrum de Oostvaarders, Oostvaardersbosplaats 1, http://flevoland.de/oostvaardersplassen). In Flevoland gibt es die größten Blumenfelder der Niederlande, besonders während des alljährlichen **Tulpenfestivals** ab Mitte April lohnt sich ein Besuch (Informationen im Touristenbüro).

EINKAUFEN
Im **Batavia Stad Fashion Outlet** findet man viele gängige Modemarken zu reduzierten Preisen (Bataviaplein 60, www.bataviastad.nl; Mo.–Fr. 10.00–18.00 Uhr, Sa. und So. länger).

UMGEBUNG
De Orchideeën Hoeve (45 km nördl.) sind ein tropisches Paradies mit Orchideen, Papageien und Schmetterlingen (Oosterringweg 34, Luttelgeest, Noordoostpolder, www.orchideeenhoeve.de; Mo.–Sa. 9.00–18.00, So. 10.00–18.00 Uhr). Die Geschichte der im Noordoostpolder aufgegangenen Insel **Schokland** (30 km nördl.) präsentiert das Schokland Museum (Middelburt 3, www.museumschokland.nl; April–Okt. Di.–So. 11.00–17.00 Uhr). Das Dorf **Urk** (30 km nördl.), ebenfalls eine frühere Zuiderzeeinsel, ist bis heute ein malerisches Fischerdorf geblieben. **Almere** (30 km südl.), die jüngste und am schnellsten wachsende Stadt der Niederlande (203 000 Einw.), beeindruckt und polarisiert mit ihrer oft futuristisch anmutenden Architektur. Der kleine, wohl über 1000 Jahre alte Ort **Muiden** ist vor allem durch sein Wasserschloss bekannt. Vor etwa 700 Jahren ließen die Grafen von Holland **Muiderslot** erbauen. Einige Räume sind noch im Stil des 17. und 18. Jh. eingerichtet. Das Schloss umgibt eine großzügige, teils mit Obstbäumen bepflanzte Gartenanlage (www.muiderslot.nl; April–Okt. Mo.–Fr. 10.00–17.00, Sa. und So. 12.00–17.00, sonst nur Sa. und So. 12.00–17.00 Uhr).

INFORMATION
VVV Batavia Stad, Bataviaplein 60,
NL-8242 PN Lelystad, Tel. 03 20 29 29 00,
www.visit flevoland.nl

Genießen Erleben Erfahren

DuMont Aktiv

Unter Segeln übers IJsselmeer

Schon auf den ersten Blick wirkt die „Willem Barentsz" – 1931 gebaut – mit ihrem weißen Rumpf und der vollen Takelage im Hafen von Enkhuizen wie ein Schiff längst vergangener Zeiten. Wenn man dann Deck und Salon betritt, und überall glänzendes Teakholz sieht, wird der Segelschoner zu einem Traumschiff.

Im Sommer pendelt die „Willem Barentsz" regelmäßig zwischen Enkhuizen und Urk. Wer die Fahrt am Morgen bucht und das Fahrrad mit an Bord nimmt, kann den Segeltörn mit einer Radtour verbinden. Urk, einst ein Inseldorf in der Zuidersee, jetzt Teil des Noordoostpolders, hat sich seine Traditionen bewahrt und lebt von der Fischerei und dem Tourismus. Nach der Ankunft im Hafen lohnt es sich, den Leuchtturm anzuschauen oder einen Blick in das Lokalmuseum im alten Rathaus zu werfen. Danach steigt man aufs Rad und fährt entspannt auf kleinen Straßen in Richtung Norden nach Stavoren. Der 1000-Einwohner-Ort ist die älteste der elf friesischen Städte und war früher einmal Hansestadt. Heute kommen vor allem Wassersportbegeisterte nach Stavoren. Im Museum Hindeloopen etwas weiter nördlich erfährt man etwas über die Besonderheiten der Interieur-Malkunst der kleinen Schifferstadt.

Wer bequem nach Enkhuizen zurück möchte, steigt am Nachmittag im Stavorener Hafen auf die Fähre, wer noch Lust auf eine längere Radtour verspürt, fährt weiter Richtung Norden bis zum Abschlussdeich, überquert diesen und gelangt dann nach rund 100 Kilometern wieder nach Enkhuizen.

Weitere Informationen

Die **Willem Barentsz** ist von Anf. Juli bis Mitte Aug. Mo.–Sa. zwischen Enkhuizen und Urk im Fährdienst unterwegs, den Rest der Saison auf Chartertouren. Abfahrt Enkhuizen 10.45, Ankunft Urk 13.30, Abfahrt Urk 15.15, Ankunft Enkhuizen 18.00 Uhr (Tel. 06 51 49 19 43, www.naupar.nl, www.veerdienst-urk-enkhuizen.nl). Die **Fähre Stavoren–Enkhuizen** verkehrt von Mai bis Sept., in der Hauptsaison dreimal tgl.; Abfahrt von Stavoren 10.25, 14.25 und 18.25 Uhr (Tel. 02 28 32 66 67, www.veerboot.info).
Museum Hindeloopen, Dijkweg 1, Hindeloopen, www.museumhindeloopen.nl; April bis Okt. Mo.–Sa. 11.00–17.00, So. 13.30–17.00 Uhr.

Frieseninseln, Walfallen und bebendes Land

Die Fahrradstadt Groningen präsentiert sich mit Charme und Kultur – aber nicht als unerschütterlich. In Friesland werden friesische Traditionen gepflegt, und auf seinen Wattinseln lässt es sich vorzüglich baden und dinieren. Für Wale zeigt sich die Nordsee mitunter als tödliche Falle.

Auch auf Texel wird der Sonnenuntergang gern gemeinsam bewundert

Großzügige Zuwendungen erlaubten es, das Groninger Museum als Kunstwerk zu gestalten

Groningens Kriegswunden versuchten vor allem drei Italiener vergessen zu machen: Alessandro Mendini entwarf das Groninger Museum, Adolfo Natalini den Waagstraat-Komplex und Giorgio Grassi die Stadtbibliothek.

Holland gilt als Land der Radfahrer und Amsterdam als Fahrradstadt. Dies ist sicher richtig, aber Groningen ist noch ein wenig weiter, denn in der Innenstadt fährt fast kein Auto mehr. Am Morgen versorgen ein paar Lieferwagen Geschäfte und Restaurants, ansonsten dürfen nur noch Busse ins Zentrum. Und geht es nach den Stadtplanern, sollen auch diese in Zukunft außen vor bleiben. Sieht so das Verkehrskonzept der Zukunft für verstopfte und von Abgasen verpestete Innenstädte aus? Ja, aber! Denn ein Problem haben auch die Groninger bis jetzt nicht in den Griff bekommen: den Fahrradklau. Statistisch gesehen besitzt jeder Holländer anderthalb Fahrräder, und genauso viele werden ihm auch pro Jahr entwendet.

Die Erde bebt

Auf den ersten Blick scheint Groningen mit seiner fast autofreien Innenstadt, gemütlichen Cafés, Kneipen und Restaurants und der gelungenen Mischung aus Historischem und futuristischen Neubauten ein guter Ort zum Wohnen. Doch die Idylle täuscht, denn hier bebt die Erde durchschnittlich 50 Mal pro Jahr, insgesamt schon mehr als 1000 Mal, dies allerdings erst seit rund 20 Jahren.

Unter dem grünen Ackerland um die Stadt liegt in 3000 Metern Tiefe ein riesiges Erdgasfeld, die zehntgrößte Lagerstätte weltweit. Seit 1963 wird das Gas gefördert, in Spitzenzeiten bis zu 50 Milliarden Kubikmeter jährlich. Dass so große Fördermengen die Erde zum Wanken bringen, ist spätestens seit den 1990er-Jahren bekannt, Forscher nennen dies eine „induzierte Seismizität", verständlich übersetzt heißt das: Der Mensch ist schuld. Doch Energiekonzerne haben die Folgen kleingeredet oder sogar ignoriert. Das bisher stärkste Beben hatte eine Stärke von 3,6, genug, um lange Risse in Häusern entstehen zu lassen und viele Menschen in Angst zu versetzen. So langsam sackt den Bewohnern der Boden unter den Füßen weg.

Mittlerweile wird die Gasförderung auch von offizieller Seite als Sicherheitsrisiko für die Einwohner der Region eingestuft. Ministerpräsident Mark Rutte hat verkündet, die Förderung bis 2022 zu halbieren und bis 2030 einzustellen.

Doch das Herunterfahren der Produktion wird das Problem nicht sofort lösen, die Erde um Groningen noch so lange unruhig bleiben, bis sich ein neues Gleichgewicht eingestellt hat. Deshalb baut man neue Gebäude erdbebensicher – das gilt auch für das jüngste Prestigeprojekt, das Groninger Forum, ein zehnstöckiges Veranstaltungshaus an der Martinikerk und dem Groten Markt.

Zu Groningens Museum gehört auch bunte Kunst am Bau (ganz links). Das Goudkontoor am Waagplein (links)

Groningens Hortus Haren wurde im 17. Jahrhundert als Kräutergarten angelegt und ist damit einer der ältesten botanischen Gärten der Niederlande. Er zeigt tropischen Regenwald, eine Nachbildung eines chinesischen Mandaringartens, englische Gärten, keltische Gärten und weitere Themengärten

Bunt zusammengewürfelt zeigt sich das Groninger Museum an der Gracht Praediniussingel

Typisch friesisch

Friesland ist mit der Hauptstadt Leeuwarden die größte niederländische Provinz. Seit 1997 trägt sie den offiziellen Namen Fryslân, der sich aber noch nicht bei allen Holländern durchgesetzt hat. In Deutschland kennt man die Region als Westfriesland, vorgelagert sind die Westfriesischen Inseln. Dieser Name macht durchaus Sinn, denn es gibt ja schließlich noch Ost- und Nordfriesland. Allerdings gibt es noch einen Landstrich weiter im Westen, der nicht zu Fryslân, sondern zur Provinz Noord-Holland gehört und auch Westfriesland heißt – aber eben nur bei den Niederländern.

Mit „Lewer düad as slav!" – Lieber tot als Sklave! – brachte man bis ins 19. Jahrhundert auch hier das friesische Selbstverständnis und das Unabhängigkeitsstreben auf den Punkt. So drastisch würde das heute kaum noch jemand formulieren, doch Fryslân ist die eigenständigste der zwölf Provinzen der Niederlande und die einzige mit einer zweiten Amtssprache, dem Westfriesischen. Immerhin sprechen rund zwei Drittel der Bewohner Fryslâns Frysk, rund die Hälfte sogar als Muttersprache. Eine Unabhängigkeitsbewegung gibt es zwar nicht, die friesische Identität ist jedoch stark ausgeprägt. Auf den Ortsschildern sind die Namen zweisprachig, also Leeuwarden und Ljouwert. Es gibt

Friesland erlebt auch in den Niederlanden eine Renaissance.

friesische Zeitungen, und Frysk wird an den Schulen gelehrt. Eine eigene Literatur mit einem alle drei Jahre verliehenen Literaturpreis, der nach dem friesischen Schriftsteller Gysbert Japicx benannt ist, existiert ebenso wie eine eigene Flagge. Als Nationalgetränk gilt der Kräuterschnaps Beerenburger, wenngleich der im 17. Jahrhundert von dem Amsterdamer Kaufmann Hendrik Beerenburg erfunden wurde.

In Eise Eisingas Planetarium nahe Harlingen (oben). Die von einem Park umgebene Wasserburg Menkemaborg bei Uithuizen geht auf das 14. Jahrhundert zurück (unten)

In Harlingens Altem Hafen reihen sich traditionelle Plattbodenschiffe, drumherum Giebelfassaden aus alten Handelszeiten (oben). Wahrzeichen Leeuwardens ist der seit dem 16. Jahrhundert unvollendet gebliebene schiefe Oldehove Toren. Wegen des ungeeigneten Untergrunds konnte die damals begonnene Kirche nicht weitergebaut werden (unten)

Texels weiter Sandstrand ist der große Anziehungspunkt dieser Watteninsel (oben). Auf Schiermonnikoog ducken sich Reetdachhäuser in die Dünen (unten)

Dünenlandschaft auf Texel: Naturreservat De Slufter

Der Strand von De Koog auf Texel

Wir wollen mal, wir wollen mal nach Friesland geh'n, und uns amüsieren an der blauen See …

Aus einem alten Kindergartenlied

Insel der Schafe

Waddeneilanden nennen die Niederländer die Inselkette der Westfriesischen Inseln auch. Größte der Inseln ist Texel, bei Badeurlaubern aus dem eigenen Land und aus Deutschland besonders beliebt. Am Strand und den Dünen allein kann es nicht liegen. Die sandige Inselseite bringt es zwar auf stattliche 30 Kilometer Länge und ist zu allen Jahreszeiten ein Erlebnis, doch ähnlich schöne und lange Strände besitzen auch Vlieland, Terschelling, Ameland und Schiermonnikoog.

Für Texel spricht die gute Anbindung, denn mit der Fähre dauert der Hüpfer zum Festland nur wenige Minuten. Ausschlaggebender jedoch ist, dass sich Texel als „Holland in klein" gibt. Man braut sein eigenes Bier, stellt Käse, Eis und Schokolade her, brennt Schnaps, und auch sonst braucht man sich kulinarisch nicht vor dem Rest der Niederlande zu verstecken. Für einige Köstlichkeiten sind die Schafe verantwortlich, von denen es auf der Insel mehr als menschliche Einwohner gibt: Durch das salzhaltige Gras, das die Tiere fressen, bekommt das Lammfleisch einen besonders würzigen Geschmack. Alle Lämmer sind Texelaars, also von der speziellen Schafrasse der Insel, sie sind mindestens 100 Tage alt, bevor sie geschlachtet werden. Frisches Lammfleisch bekommt man von April bis November – früh im Jahr als zartes „Milchlamm", später dann als das etwas würzigere „Graslamm".

Walstrandungen in der Nordsee

Eine der jüngsten Attraktionen Texels ist die Wal-Halle im Naturkundemuseum EcoMare, in der unter anderem das Skelett eines 2012 vor der Insel gestrandeten Pottwalmännchens ausgestellt wird. Das Phänomen der Pottwal-Strandungen ist zwar seit Jahrhunderten bekannt, über die wirklichen Ursachen gibt es bis heute allerdings nur vage Theorien.

Es gibt Jahre, in denen viele verendete Pottwale an die Strände der Nordsee gespült werden. Der Winter 2015/2016 war so einer mit mindestens zwölf – zwei auf Wangerooge, einer vor Bremerhaven, zwei bei Helgoland, einer in der Nähe von Büsum und eben sechs an der Küste von Texel. Eine Theorie besagt, dass Strandungen besonders häufig nach sogenannten Sonnenstürmen auftreten, die das Magnetfeld der Erde durcheinanderbringen, das wiederum den Pottwalen als Orientierung dient. Die Wale verirren sich dann in die vergleichsweise flache Nordsee, wo es keine Nahrung für die Meeresriesen gibt. Im Dezember 2015 war die Sonne besonders aktiv – Zufall oder Kausalität?

Erlebnisse für kleine Besucher

Museen als Kinderland

Was kann ein Museumsbesuch für eine Qual sein – jedenfalls aus Kindersicht. Dass es auch ganz anders geht, zeigen die Niederlande. Hier kann es im Gegenteil schwierig werden, den Nachwuchs wieder nach Hause zu bekommen. Diese Sehenswürdigkeiten sind auch bei gutem Wetter eine ernst zu nehmende Konkurrenz zu Strand und Meer.

1

3

1 Pretpark de Valkenier

Der Freizeitpark in der Nähe von Maastricht ist vor allem etwas für Familien mit kleineren Kindern. Wegen der vielen Attraktionen und Aktivitäten sollte man sich für den Park einen ganzen Tag Zeit nehmen. Für den Nachwuchs gibt es Achterbahn, Riesenrad, Spukschloss, Dinopark, Mississippidampfer, Tretboote, Spielplätze und vieles mehr.

Pretpark de Valkenier, Koningswinkelstraat 53, Valkenburg aan de Geul, www.pretpark-de-valkenier.nl; April–Okt. tgl. 10.00 bis 17.00/18.00 Uhr

2 EcoMare

Ein Pottwal, der im Dezember 2012 in der Nähe von Texel tot auf einer Sandbank strandete, hat das Geld für seine Ausstellung buchstäblich selbst mitgebracht. Bei der Untersuchung des Kadavers fanden sich nämlich mehrere Kilo Amber – ein wertvoller Stoff, der bei der Produktion teurer Parfums eingesetzt wird. Aufgrund seines hohen Wertes wird es auch „schwimmendes Gold" genannt. Mit dem Erlös, den man durch den Verkauf des Amber erzielte, wurde im Naturkundemuseum EcoMare eine Wal-Halle eingerichtet, in dem der besagte Pottwal sowie andere auf Texel gestrandete Wale ausgestellt sind. In der neuen Ausstellung läuft man im wahrsten Sinne des Wortes durch die Skelette der Wale hindurch.

EcoMare, Ruijslaan 92, De Koog/Texel, www.ecomare.nl, tgl. 9.30–17.00 Uhr. Ermäßigter Eintritt für Kinder von 4 bis 13 Jahren

3 Niederländisches Freilichtmuseum

Der Besuch des Niederländischen Freilichtmuseums ist wie eine Zeitreise durch die letzten zweihundert Jahre, gespiegelt werden hier alle Provinzen des Landes. Alte Bauernhöfe, Häuser und Handwerksbetriebe laden zum Erforschen und Ausprobieren ein. Kinder dürfen überall mit anpacken, Dinge sondieren, klettern und herumtollen. Und nicht zuletzt die vielen dort lebenden Tiere anfassen. Erschlossen wird die Anlage durch eine historische Straßenbahn – ein Erlebnis für sich. Das Freilichtmuseum wurde bereits zweimal vom Kinderprogramm der niederländischen Rundfunk- und Fernsehanstalten mit der Bestnote ausgezeichnet.

Nederlands Openluchtmuseum, Hoeferlaan 4, Arnhem, https://openluchtmuseum.nl; Ende März–Okt. tgl. 10.00–17.00 Uhr, sonst nur an Wochenenden und eingeschränkt: Kinder unter 4 Jahren kostenlos, von 4 bis 12 Jahren ermäßigter Eintritt

4 Burgers' Zoo

Tiere sind ohnehin hochinteressant für Kinder. In Burgers' Zoo wird der Besuch aber nochmals spannender, denn hier können Kinder zu unterschiedlichen Themen auf Schnitzeljagd gehen. Der riesige Spielplatz gefällt Großen und Kleinen, denn er ist so angelegt, dass die Eltern eine Pause bei Kaffee und Kuchen einlegen können, gleichzeitig aber den Nachwuchs im Blick haben.

Burgers' Zoo, Antoon van Hooffplein 1, Arnhem, www.burgerszoo.de; April bis Okt. tgl. 9.00–18.00, sonst tgl. 9.00–17.00 Uhr. Kinder bis 4 Jahre kostenlos, bis 9 Jahre geringe Ermäßigung beim Eintritt

5 Museum für mechanische Musik

Im Museum für mechanische Musik in Utrecht, dem Museum Speelklok, sind regelrechte Musikmaschinen ausgestellt, die auf abenteuerlichste Weise Töne hervorzaubern. Ein Abenteuer für Kinder, die hier auch viel ausprobieren dürfen. Unbedingt sollte man an der kostenlosen, sachkundigen und immer witzigen Führung teilnehmen.

Museum Speelklok, Steenweg 6, Utrecht, www.museumspeelklok.nl; Di. bis So. 10.00–17.00 Uhr, Kinder bis 12 Jahre ermäßigt

6 Het van Kinderen Museum

Mehr Kreativwerkstatt als Museum – zwar wird hier auch Kunst von Kindern ausgestellt, es geht aber vor allem darum, selbst zu malen, zu basteln und auszuprobieren. Größere Aufgaben, wie etwa den Bau einer elektrischen Gitarre, löst man im Rahmen von Workshops.

Het van Kinderen Museum, Waldeck Pyrmontkade 116, Den Haag, www.kidsproof.nl; Mi. 14.00–16.00 (nur mit Reservierung), So. 12.00 bis 16.00 Uhr (auch ohne Reservierung)

7 Madurodam

Die ganzen Niederlande im Miniformat. Auf dem riesigen Gelände in Den Haag sind 300 Modelle der wichtigsten Bauwerke des Landes im Maßstab 1:25 aufgebaut, viele davon sind animiert. In den einzelnen Bereichen des Parks kann man sehen, wie sich die Städte entwickelt haben, welche Rolle das Wasser für die Niederlande spielt und was für sie als modernen Staat wichtig ist. Schon auf einem Rundgang durch Madurodam wird der Nachwuchs begeistert sein, doch sollten Eltern noch genügend Zeit für den Besuch des Spielplatzes „The Waddenzee" einplanen. Der Park war Anfang der 1950er-Jahre von einem Ehepaar als Erinnerung an ihren im Konzentrationslager Dachau umgekommenen Sohn erbaut worden – George Maduro, eine der wichtigsten Personen im niederländischen Widerstand gegen Nazi-Deutschland.

Madurodam, George Maduroplein 1, Den Haag/Scheveningen, www.madurodam.nl; Ende März–Aug. tgl. 9.00–20.00, Sept. und Okt. tgl. 9.00–18.00, Jan. bis März, Nov. und Dez. tgl. 11.00–17.00 Uhr

Maßstab 1:800.000
0
10km
Noordzee
Waddenzee
Wadden eilanden
Ostfriesische Inseln
IJsselmeer
Markermeer
Texel
Vlieland (Flylân)
Terschelling (Skylge)
Ameland (It Amelân)
Schiermonnikoog (Skiermûntseach)
Rottumerplaat
Rottumeroog
Borkum
Juist
Norderney
Baltrum
Memmert
Nationalpark
Niedersächsisches Wattenmeer
Den Helder
Alkmaar
HAARLEM
IJmuiden
Zandvoort
Beverwijk
Heemskerk
Castricum
Egmond aan Zee
Bergen
Schagen
Hoorn
Enkhuizen
Medemblik
Purmerend
ZAANSTAD
AMSTERDAM
Almere
Lelystad
Edam
Volendam
Dronten
Kampen
Zwolle
Urk
Emmeloord
Lemmer
Sneek (Snits)
Harlingen (Harns)
Leeuwarden (Ljouwert)
Dokkum
Drachten
Heerenveen
Wolvega
Steenwijk
Meppel
Hoogeveen
Assen
GRONINGEN
Delfzijl
Appingedam
Winschoten
Veendam
Stadskanaal
Emmen
Coevorden
Hardenberg
Ommen
Dalfsen
Raalte
Almelo
Nordhorn
Lingen (Ems)
Meppen
Papenburg
Leer (Ostfr.)
Emden
Norden
Aurich
DEUTSCHLAND
Newcastle-upon-Tyne
Afsluitdijk

Von Friesland auf die Inseln

Die Studentenstadt Groningen darf sich mit den Titeln „Beste Binnenstadt der Niederlande" und „Fahrradstadt Nummer 1" schmücken. In Friesland ist man stolz auf Eigenständigkeit und das Friesische als Muttersprache. Auf den Westfriesischen Inseln fühlen sich vor allem Badeurlauber und Naturliebhaber wohl.

1 Groningen

Das über 1000 Jahre bestehende Herz der im Ursprung zugleich friesisch und sächsischen Provinz Groningen hat 201 000 Einw., von denen die meisten mit ihrer Stadt zufrieden sind. Groningen besitzt einen historischen Stadtkern, der in den letzten Tagen des Zweiten Weltkriegs sehr gelitten hat, und sehenswerte moderne Architektur, gute Einkaufsmöglichkeiten und dank der 1614 gegründeten Universität mit über 20 000 Studierenden eine junge Bevölkerung.

SEHENSWERT

Am **Grote Markt,** dem Zentrum Groningens, findet man das neoklassizistische **Rathaus** (bis 1810) mit modernem Anbau, der das filigrane Gebäude des **Goudkantoor** (Goldkontor, 1635) mit seiner prächtigen Renaissancefassade leider erdrückt. Im ehem. Goldkontor befindet sich heute ein kleines Restaurant (Waagplein 1; tgl. 10.00–22.00 Uhr). Seit bald 800 Jahren prägt die romanisch-gotische **Martinikerk** das Stadtbild am Grote Markt (Fresken 16. Jh., Orgel 1480); lohnend ist die Aussicht vom 96 m hohen Turm (www.martinikerk.nl; wechselnde Öffnungszeiten, meist 11.00–17.00 Uhr). Der **Prinsenhof,** im 15. Jh. als Kloster erbaut und später Residenz von Bischof und Stadthalter, beherbergt heute ein Hotel und Restaurant. Hinter dem Prinsenhof liegt der Prinsenhoftuin, ein Rosen- und Kräutergarten mit Wandelgang, der nach den Idealen der Renaissance gestaltet wurde.

MUSEEN

Nicht nur im **Groninger Museum** wird Kunst zelebriert, auch das 1994 eingeweihte Museumsgebäude gilt als Kunstwerk und modernes Wahrzeichen der Stadt: ein buntes, vielfach verschachteltes Gebäude auf einer Insel. Hochkarätig sind die Ausstellungen mit Werken aus dem 16. bis ins 20. Jh., darunter auch die ganz großen Namen Rembrandt und van Gogh (Museumeiland 1, www.groningermuseum.nl; Di.–So. 10.00–17.00 Uhr). Im **Noordelijk Scheepvaartmuseum** wird die Geschichte der Schifffahrt vom Mittelalter bis zur Gegenwart erzählt, wobei der Schwerpunkt auf dem Norden der Niederlande liegt (Brugstraat 24,

Oldtimertreffen auf der Festung Bourtange (oben). Groningens Martinikerk (rechts oben) und das mächtige Rathaus (rechts unten)

www.noordelijkscheepvaartmuseum.nl; Di.–Sa. 10.00–17.00, So. 13.00–17.00 Uhr).

EINKAUFEN

Groningen ist eine Shoppingstadt. Fündig wird man vor allem in der **Herestraat** und ihren kleineren Nebenstraßen wie **Folkingestraat, Oude Kijk in 't Jatstraat, Zwanestraat** und **Grote Kromme Elleboog.** Man sollte sich nicht von dem Namen „Bonbon Atelier Luca" irreführen lassen, denn Karin Luca fertigt in ihrem kleinen Laden feinste Pralinen (Grote Kromme Elleboog 12, www.bonbonatelierluca.nl; Di.–Fr. 10.30–18.00, Sa. 10.30–17.00 Uhr).

ERLEBEN

Seit einigen Jahren bieten deutsche Studenten zweistündige **Stadtführungen** an (Buchungen im VVV-Infoladen oder per Mail gidsenteam@vvvgroningen.nl).

HOTEL UND RESTAURANTS

Das kleine zentrale **€ € Asgard Hotel** besticht durch ruhige Farben und Naturmaterialien. Sein Frühstücksbuffet ist klein, aber vom Feinsten und Bio (Ganzevoortsingel 2-1, NL-9711 AL Groningen, Tel. 05 03 68 48 10, www.asgardhotel.nl). Das **€ € Prinsenhof Grand Café** ist in der früheren Kirche des Gebäudekomplexes untergebracht; vorzüglich die hauseigene Konditorei, beliebt zur Tea Time, aber man sitzt hier auch gut zum Lunch oder Dinner (Martinikerkhof 23, Tel. 05 03 17 65 50, www.prinsenhof-groningen.nl; tgl. ab 11.30 Uhr). Auf dem **€ Pannekoekschip,** einem gut 100 Jahre alten Zweimaster, gibt es diverse Pfannkuchen, süß oder herzhaft je nach Geschmack (Schuitendiep 1017, Tel. 05 03 12 00 45, www.pannekoekschip.nl; tgl. 12.00–21.00 Uhr).

UMGEBUNG

Bourtange (60 km östl.) an der deutschen Grenze liegt innerhalb einer sternförmigen Festung, die um 1580 von Wilhelm von Oranien

gegen die spanisch besetzte Stadt Groningen errichtet wurde. **Winschoten** (40 km östl.) ist vor allem für seine drei Getreidemühlen – „De Berg“ (1854), „De Volharding“ (1783) und „Dijkstra“ (1862) – bekannt.
Den **Nationalpark Lauwersmeer** (50 km nordw.) mit seinen Wiesen, Schilffeldern, Wäldern und einer vielfältigen Tierwelt kann man am besten auf einer rund 45 km langen Radtour mit Ausgangspunkt Zoutkamp erkunden.

INFORMATION
VVV Groningen, Grote Markt 29, NL-9712 HS Groningen, Tel. 05 03 13 97 41, www.toerisme.groningen.nl

2 Leeuwarden

2018 Kulturhauptstadt, besitzt die „Metropole“ der Provinz Friesland (109 000 Einw.) eine von Grachten umgebene Altstadt mit stattlichen Bürgerhäusern. Wahrzeichen ist seit dem 16. Jh. der schiefe und unvollendet gebliebene Kirchturm Oldehove. Urspr. lag der Handelsort am Wasser und war einst Sitz des friesischen Statthalters. In Leeuwarden wurde die Tänzerin und sagenumwobene Spionin Mata Hari geboren (1876–1917).

MUSEEN
Das **Fries Museum** zeigt in einem architektonisch gelungenen Neubau im Zentrum Kunst, Kultur und Geschichte Frieslands; auch Mata Haris mysteriöse Lebensgeschichte ist Thema (Wilhelmaplein 92, www.friesmuseum.nl; Di. bis So. 11.00–17.00 Uhr). Im **Museum Het Princessehof** werden kostbare Keramik aus Asien, Jugendstil-Keramik, Fayence-Kacheln und Werke zeitgenössischer Keramikkünstler gezeigt (Grote Kerkstraat 11, www.princessehof.nl; Di.–So. 11.00–17.00 Uhr).

Tipp

Planetarium im Wohnzimmer

Schaut man in dem kleinen Grachtenhaus an die Wohnzimmerdecke, sieht man das gesamte Sonnensystem. Gegen Ende des 18. Jh. hat Eise Eisinga sieben Jahre an diesem Meisterwerk getüftelt und gewerkelt. Doch sein Planetarium ist nicht nur eine schöne Dekoration, denn wenn man über eine Treppe hinaufsteigt, sieht man die aufwendige Mechanik, die die Planeten auch heute noch mit der exakt richtigen Geschwindigkeit um die Sonne kreisen lässt.

INFORMATION
Eise Eisinga Planetarium, Eise Eisingastraat 3, Franeker östl Harlingen, www.planetarium-friesland.nl; April bis Okt. Mo. 13.00–17.00, Di.–Sa. 10.00–17.00, So. 13.00–17.00 Uhr, sonst Mo. geschl.

Blütenpracht in Texels Dünenlandschaft (oben). Seit 1854 ragt der Leuchtturm Noordertoren über Schiermonnikoog auf (rechts)

RESTAURANT
Auf dem **€ 't Pannekoekschip,** einem alten Zweimaster, gibt es für jeden Geschmack den richtigen Pfannkuchen (Willemskade 69, www.pannekoekschipleeuwarden.nl; Di. ab 16.30, Mi.–So. ab 12.00 Uhr).

INFORMATION
VVV Leeuwarden, Sophialaan 4, NL-8911 AE Leeuwarden, Tel. 05 82 34 75 50, www. mooileeuwarden.nl

3 Harlingen

Von der auf das 13. Jh. zurückgehenden Hafenstadt (16 000 Einw.) legen die Fähren nach Vlieland und Terschelling ab. Auch der Fischereihafen ist noch von Bedeutung.

SEHENSWERT
In der **Altstadt** stehen viele sehenswerte Häuser mit Treppengiebeln entlang der Grachten, auch das **Rathaus** (1736) lohnt einen näheren Blick. Die **Grote Kerk** von 1775 steht auf einem Hügel; einst war es der höchste Punkt der Warft. Jenseits des Hafens liegt ein Sandstrand, hier lädt ein Pavillon zur Rast ein.

MUSEUM
Im **Museum Hannemahuis** wird die Geschichte Harlingens erzählt; es gibt Schiffsmodelle, Gemälde, Stadtpläne und Einrichtungsgegenstände zu sehen (Voorstraat 56, www.hannemahuis.nl; Di.–Do. 12.00–17.00 Uhr).

HOTEL
Ruhig und doch mitten im Stadtzentrum liegt das **€ € Hotel Almenum**. In einem renovierten Lagerhaus aus dem 17. Jh. wohnt man in großzügigen Appartements oder Zimmern (Kruisstraat 8–14, NL-8861 EB Harlingen, Tel. 02 50 31 173, www.hotelalmenum.nl).

INFORMATION
VVV Harlingen, Grote Bredeplaats 12, NL-8861 BB Harlingen, Tel. 05 17 43 02 07, www. vvvharlingen.nl

4 Texel

Nur rund 20 Min. benötigt die Autofähre vom Festlandshafen Den Helder bis nach Texel (14 000 Einw.), der größten der Westfriesischen Inseln. Diese leichte Erreichbarkeit, ihre abwechslungsreiche Landschaft, die Tier- und Pflanzenwelt, gemütliche Orte und natürlich der schier endlose Sandstrand machen die Insel – auch bei deutschen Urlaubern – zur Nummer 1 der holländischen „Waddeneilanden“.

SEHENSWÜRDIGKEITEN
Hauptort ist **Den Burg** im Inselinnern mit lebhafter Fußgängerzone, einer Kirche aus dem 15. Jh. und dem inselhistorischen Museum in einem Backsteinhaus von 1599. Touristisch bedeutender wegen der Strandnähe ist **De Koog,** der einzige echte Badeort auf Texel. Ein beliebtes Ausflugsziel ist der **Vuurtornen Texel,** ein 150 Jahre alter Leuchtturm an der Nordspitze, von dem man die Insel überblickt (www.vuurtorentexel.nl; Mitte Febr.–Anf. Nov. tgl. 10.00 bis 17.00 Uhr, sonst Mi., Sa. und So. 10.00 bis 17.00 Uhr).

Im Niederländischen Wattenmeer liegen fünf kleine Paradiese. Welches ist das schönste?

MUSEEN
Im **Schipbreuk- en Juttersmuseum Flora** zwischen Den Burg und De Koog lässt sich bestaunen, was das Meer im Laufe der Jahre angespült hat – vom Gummistiefel bis zum Rettungsboot (Pontweg 141 A, www.jutters flora.nl; tgl. 10.00–17.00 Uhr). Blicke zurück bietet auch die **Oudheidkamer** (Kogerstraat 1, Den Burg, www.oudheidkamertexel.nl; Mai bis Okt. Mo.–Fr. 11.00–17.00, Sa. 14.00–16.00 Uhr). Im **EcoMare** bekommt man auf unterhaltsame Weise erklärt, wie Nordsee und Wattenmeer funktionieren: Fischbassins, Robbenbecken, Seehundauffangstation, Führungen durch die Dünen und vieles mehr werden geboten. Jüngste Attraktion ist das Skelett eines vor Texel gestrandeten Pottwals (Ruijslaan 92, De Koog, www.ecomare.nl; tgl. 9.30–17.00 Uhr).

UMGEBUNG
Wie Perlen auf einer Schnur liegen die Westfriesischen Inseln vor der Nordküste.
Die autofreie Insel **Vlieland** ist mit der Fähre von Harlingen aus zu erreichen (1 ½ Std., mit dem Schnellboot ¾ Std.). Die einzige Siedlung ist Oost-Vlieland (1150 Einw.); ein weiteres Dorf, West-Vlieland, wurde 1736 durch eine Sturmflut zerstört. Waldgebiete, eine Düne und der breite Strand sind die Höhepunkte.
Auf **Terschelling**, der zweitgrößten Insel, leben rund 5000 Menschen. Die Schiffe von Harlingen kommen im wichtigsten Ort West-Terschelling an, das touristische Zentrum ist Midsland. Entlang der Nordküste erstreckt sich ein breiter Strand, zum Festland hin gibt es größere Waldgebiete. Den eigenen Wagen kann man mit auf die Insel nehmen, doch Hauptverkehrsmittel ist das Fahrrad.
Die Fähre von Holwerd legt auf **Ameland** (3500 Einw.) im Hauptort Nes an. Das eigene Auto mit auf die Insel zu nehmen, macht nicht viel Sinn, denn mit dem Fahrrad kommt man bequem überall hin. Große Teile der Insel stehen zum Schutz des artenreichen Vogellebens unter Naturschutz. Der 27 km lange Sandstrand, aber auch die Dünen und Wälder machen den Reiz der Insel aus.
Schiermonnikoog TOPZIEL, die östlichste der Inseln, verdankt ihren Namen Zisterzienser-Mönchen, die sich hier im 12. Jh. angesiedelt hatten. Die autofreie Insel erreicht man mit der Fähre von Lauwersoog, man landet im einzigen Inselort Schiermonnikoog. Die Insel besteht zum Großteil aus Strand, Dünen und Salzwiesen und ist seit 1988 Nationalpark.

INFORMATION
VVV Texel, Emmalaan 66, NL-1791 AV Den Burg, Tel. 02 22 31 47 41, www.texel.net
VVV Vlieland, Havenweg 10, NL-8899 BG Vlieland, Tel. 05 62 45 11 11, www.vlieland.net
VVV Terschelling, Willem Barentszkade 191, NL-8881 BC West-Terschelling, Tel. 05 62 44 30 00, www.vvvterschelling.nl
VVV Ameland, Bureweg 2, NL-9163 KE Nes, Tel. 05 19 54 65 46, www.vvvameland.nl
VVV Schiermonnikoog, Reeweg 5, NL-9166 PW Schiermonnikoog, Tel. 05 19 53 12 33, www.vvvschiermonnikoog.nl

Genießen Erleben Erfahren

DuMont Aktiv

Auf der Suche nach den Hunebedden

Früher dachte man, dass nur Riesen die monumentalen Steingräber erbaut haben konnten, deshalb nannte man sie Hunebedden – Hünengräber. Sie zählen zu den ältesten Siedlungsspuren in den Niederlanden. In der Provinz Drenthe sind mehr als 50 dieser rund 5000 Jahre alten Gräber erhalten geblieben.

Der Hondsrug ist ein sandiger, lang gestreckter Höhenzug, der sich von Groningen in südlicher Richtung durch die Provinz Drenthe zieht. Entlang dieses Höhenzuges lebten schon vor rund 5000 Jahren Menschen, deren Kultur wegen charakteristischer Keramikfunde als Trichterbecherkultur bezeichnet wird. Sie haben aber nicht nur Gebrauchsgegenstände, sondern auch beeindruckende Gräber, die Hunebedden, hinterlassen.

Ziemlich in der Mitte des Hondsrug liegt der kleine Ort Borger, wo neben dem Hunebed Centrum die Reste des größten Steingrabes zu finden sind. Wie solch ein Grab aus tonnenschweren Steinen und einem Erdhügel früher ausgesehen hat, erfährt man im Museum. Wer weitere Hunebedden sehen möchte, kann vom Museum mit dem Auto oder Fahrrad zu einer kleinen Rundtour (ca. 10 km) starten. Von Borger geht es nach Bronneger, wo in einem Wald drei kleine Steingräber zu sehen sind, die im Laufe der Jahrtausende allerdings teilweise zerstört wurden. Dann geht es weiter nach Drouwen, wo am Steenhopenweg zwei gut erhaltene Hunebedden zu bewundern sind. Von hier erreicht man schnell wieder den Ausgangspunkt Borger.

Weitere Informationen

Das **Hunebed Centrum** in Borger informiert darüber, wie die Menschen diese Steingräber ohne Maschinen geschaffen haben und woher die Findlinge kamen (Bronneger Straat 12, www.hunebedcentrum.eu; Mo.–Fr. 10.00–17.00, Sa. und So. 11.00–17.00 Uhr).

Wer mehr dieser Steingräber sehen möchte, sollte sich im Museum die Broschüre „The Hondsrug Geopark – Expedition Prehistory" holen. Da das Auffinden der darin genannten Orte nicht immer ganz einfach ist, sind die genannten GPS-Koordinaten sehr hilfreich.

Bei Schoonoord nördlich von Emmen ist das Hünengrab De Papeloze Kerk zu finden

Voller Temperament im Osten

„Die Leute an der deutschen Grenze sind temperamentvoller als die, die am Meer wohnen. Sie sind ein bisschen wie eure Rheinländer.“ Das hört man oft, wenn man in den Niederlanden unterwegs ist. Utrecht liegt zwar im Herzen des Landes, hier aber sorgen die vielen Studierenden dafür, dass das Stimmungsbarometer Höchstwerte zeigt.

Keine Niederlande ohne Klappbrücke – auch nicht im Niederländischen Freilichtmuseum in Arnhem

An einem Überrest der Zuiderzee, am Eemmeer, liegt das kleine Spakenburg – beliebt bei Traditionsschiffern

Mit seinen Grachten und malerischen Häusern fühlen sich Utrecht-Besucher an Amsterdam erinnert.

Der niederländische König wurde in Utrecht geboren. Willem-Alexander kam hier am 27. April 1967 zur Welt. Aufgewachsen ist er ganz in der Nähe im Schloss Drakensteyn in der Gemeinde Baarn. In Utrecht hat man aber offenbar genug zu bieten, denn nirgends wird mit dem König Werbung gemacht.

Mitte des ersten nachchristlichen Jahrhunderts kamen die Römer vorbei und bauten ein Lager. Sie gedachten, hier ihre Nordgrenze zu befestigen. Die hochfliegenden Pläne, noch weiter nördlich ins Friesische vorzustoßen, wurden recht bald ad acta gelegt. Praktisch war es allemal, sich hier festzusetzen, bildete der Rhein doch eine natürliche Barriere, die „Barbaren" vom Übertritt ins Reich abzuhalten. Nüchtern nannten die Römer ihre neue Siedlung Ultra Traiectum, was schlicht „jenseits des Flussübergangs" heißt. Daraus hat sich der Name Utrecht zurechtgeschliffen.

Römische Überreste findet man bis heute – allerdings ein paar Meter unter der Erde. Denn Utrecht blieb auch in späteren Jahrhunderten eine bedeutende Stadt, und praktischerweise baute man jede neue Epoche auf den Ruinen der alten auf. Im Laufe der Jahrhunderte wuchs also Utrecht ein paar Meter in die Höhe. Unterirdisch kann man aber einen Spaziergang durch die Geschichte der Stadt machen. DomUnder nennt sich das Projekt, das in den Katakomben des Doms zu den Überresten früherer Jahrtausende führt.

Heute ist die Stadt aber weniger in die Vergangenheit, sondern mehr in die Zukunft ausgerichtet. An der Universität und den Hochschulen der Stadt sind mittlerweile mehr als 70 000 Studierende eingeschrieben. Diese junge und vitale Atmosphäre spürt man auch als Tourist – spätestens dann, wenn man eine der Bars oder Kneipen betritt. Entlang der Grachten wird im Sommer laut und stimmungsvoll unter freiem Himmel gefeiert.

Die Stadt mit der Brücke

Der Nationalpark De Hoge Veluwe liegt zwar schon in Utrechts Nachbarprovinz Gelderland, bei den kurzen Entfernungen in den Niederlanden gehört er jedoch noch zu den Wochenendausflugszielen der Utrechter. Weite, offene Flächen erwartet man ja nicht in dem dichtbevölkerten Land. Hier aber kann man das Auge schweifen lassen, ohne dass der Blick auf ein Haus trifft.

Über eine halbe Million Besucher kommen jedes Jahr, um den Ort zu erleben, an dem sich Fuchs und Hase gute Nacht sagen – und Hirsche, Rehe und

Huis Doorn hat seinen Ursprung im 14. Jahrhundert und wurde Ende des 18. Jahrhunderts zu einem eleganten Landsitz umgestaltet. Diesen erwarb Kaiser Wilhelm II. 1919 nach seiner Abdankung

Die Oude Gracht durchquert die Utrechter Altstadt. An ihr stehen noch gemütliche alte Häuser (rechts), an ihr wird aber auch gern gefeiert (links)

Französische Vorbilder sind unübersehbar:
Königssitz Het Loo in seinem Park

Das Kröger-Müllersche Jachthuis Sint Hubertus wurde samt dem umliegenden Hoge Veluwe in eine Stiftung eingebracht und zum niederländischen Rijksmonument erklärt

Wildschweine gibt es obendrein. Das ist mehr Naturerlebnis, als man in den meisten anderen Regionen des überaus eng besiedelten Landes geboten bekommt.

Mitten im Park liegt ein Juwel ganz anderer Art – das Kröller-Müller Museum beherbergt die weltweit zweitgrößte Sammlung von Werken van Goghs. Der Park ist eine Schenkung eines Industriellenehepaars und spiegelt bis heute die Interessen der beiden wider. Während sich der Ehemann über Jahre hinweg ein immer größeres Jagdrevier zusammenkaufte, erweiterte die Gemahlin mit geschickter Hand ihre hochkarätige Kunstsammlung.

Die Stadt mit der Brücke

In unmittelbarer Nachbarschaft findet sich noch ein weiterer Nationalpark. Veluwezoom wurde 1931 gegründet und ist damit das älteste Schutzgebiet der Niederlande. Mit dem 90 Meter hohen Posbank erhebt sich ein für niederländische Verhältnisse riesiger Berg in dem Park, von dem aus man bei gutem Wetter bis zu zwanzig Kilometer weit ins Umland schauen kann. Arnhem, die Hauptstadt der Provinz Gelderland, liegt nur einen Steinwurf von den beiden Nationalparks entfernt. Bekannt ist sie wegen ihrer „Brücke“ – die gegen Ende des Zweiten Weltkriegs heiß umkämpft war und mit deren Verteidigung Nazi-

„K-piece" nennt sich diese Skulptur von 1972 des US-amerikanischen Bildhauers Mark di Suvero im Skulpturenpark am Museum Kröller-Müller

Deutschland seinen letzten militärischen Erfolg des Krieges feiern konnte – letztendlich wurde dadurch der Ausgang des Krieges aber nicht beeinflusst.

Geldern, die Stadt nach der die Provinz benannt ist, liegt übrigens nicht mehr in den Niederlanden – sie gehört bereits zum deutschen Bundesland Nordrhein-Westfalen.

Bei den Blaufingern

Der Name der Nachbarprovinz Overijssel, meint nichts anderes als „oberhalb der Ijssel", und mit der Aussage liegt man immer noch richtig. Der Fluss hatte im Mittelalter für Wohlstand gesorgt, damals gehörten fast alle größeren Städte der Region zur Hanse und verdienten mit Handel gutes Geld. Auch die heutige Hauptstadt Zwolle gehörte dem Bund an – und offenbar war man dort besonders geschäftstüchtig.

Eine Anekdote erzählt, wie die Zwoller ihren Nachbarn aus Kampen eine beschädigte Kirchenglocke zu einem völlig überhöhten Preis verkauft hatten. Die wiederum rächten sich und bezahlten die Rechnung mit kleinen Münzen. Tagelang mussten die Zwoller nachzählen, um herauszufinden, ob die Kampener korrekt bezahlt hatten. Vom Zählen der Münzen bekamen sie blaue Finger und werden seitdem Blauwvingers genannt. Am Anfang war das ein Schimpfwort,

Zu Kampens Altstadtschmuckstücken gehört das 1543 erbaute Stadhuis in der Oudestraat (rechts). Seit 2010 wacht auf Zwolles Grote Markt der Erzengel Michael über die ihm anvertraute Stadt. „De Glazen Engel“, der gläserne Engel, besteht aus 350 Lagen Glas (links unten)

Zwolles eindrucksvolles Sachsentor am Südrand der Altstadt (ganz links). In Ootmarsums gut erhaltener Altstadt lässt sich gemütlich über Kopfsteinpflaster bummeln (links)

Unterwegs in der amphibischen Welt von Giethorn

Hofmeierhuis in Ootmarsums kleinem Freilichtmuseum

Special

Landwirtschaft

Schweine? Dritter Stock!

Windmühlen hinter Tulpenfeldern – die Agrarlandschaft der Niederlande sieht längst anders aus. Die wichtigen Exportgüter wachsen unter Glas, und auch bei der Viehzucht wird schon an der Zukunft gearbeitet.

Die Zeiten, in denen holländische Tomaten und Gurken als „saures Wasser, schnittfest gemacht" verhöhnt wurden, sind lange vorbei. Mittlerweile setzen niederländische Produkte geschmacklich und auch hinsichtlich der Umwelt Maßstäbe. Die Äcker unter Glas ermöglichen dank ihrer Isolation, mit deutlich weniger Pflanzenschutzmitteln auszukommen, im besten Fall sogar ganz ohne. Zudem lässt sich viel gezielter, und damit reduzierter, düngen als im Freiland, denn die Pflanzen wachsen nicht im Boden, sondern in kleinen, oftmals mit Steinwolle gefüllten Containern. Befruchtet werden die Blüten mit eigens angesiedelten Insekten, meist Hummeln. Deren Zucht ist mittlerweile ein eigener Erwerbszweig. Diese durchtechnisierte und im Vergleich zur restlichen Agrarwirtschaft in der Europäischen Union profitable Pflanzenhaltung soll nun zum Vorbild für die Viehzucht werden, geht es nach den Agrar-Avantgardisten. Vertical farming lautet deren Devise, mehrstöckige Ställe, die auch einen gewissen Auslauf bieten. Schließlich sei die herkömmliche Viehzucht ein großer Landschaftsverschwender. Das gerade in den Niederlanden drängende Gülleproblem einmal ganz außer Acht gelassen. In der schönen neuen Agrarwelt leben die Tiere nämlich in Stadtnähe, wenn nicht gar gleich in der Stadt. Ihre Stoffwechselprodukte ließen sich wunderbar in dezentrale Biokraftwerke einspeisen. Die bislang quälend langen Transportwege würden sich verkürzen oder sogar unnötig werden. Was sich futuristisch anhört – in den Niederlanden ist man einmal mehr offen für neue Wege.

heute sieht man das entspannter und lädt jedes Jahr im Juli zu den Blaufingertagen mit Markt und Musik ein. Und inzwischen sind auch die Einwohner von Kampen dann gern gesehene Gäste.

Idylle Giethoorn

Im äußersten nordwestlichen Eckchen von Overijssel, in einem einst riesigen Moorgebiet und etwa eine halbe Stunde Autofahrt von Zwolle entfernt, ist das „Venedig des Nordens" zu finden. Zugegeben, der Begriff wird für viele Städte gebraucht und ist in diesem Fall schon ziemlich hochgegriffen, denn das Dörfchen Giethoorn, zählt gerade einmal zweieinhalbtausend Einwohner. Immerhin spricht es für ein gewisses Selbstbewusstsein, wenn man sich mit der renommierten Lagunenstadt in Oberitalien vergleicht. Die Gegend um Giethoorn mit einem Labyrinth von Kanälen erinnert allerdings eher an den Spreewald. Das Boot – sprich Leihkanu – ist hier wie dort das Verkehrsmittel der Wahl.

Eigentlich hat man es gar nicht nötig, sich mit irgendjemandem zu vergleichen, denn wie für die ganzen Niederlande gilt auch hier der altbekannte Satz, dass Größe nicht alles ist und wahre Schönheit durchaus auch im Kleinen liegen kann.

ESSEN UND TRINKEN

Nicht nur „Essen aus der Wand“

Einfach, herzhaft und sättigend – so lässt sich die traditionelle holländische Küche charakterisieren. Doch mittlerweile gibt es auch viele Spitzenköche, die sich jedes Jahr mehr Sterne erkochen. Aber auch Fast Food – egal, ob süß oder herzhaft – steht hoch im Kurs.

Auch die nordafrikanische Küche gehört zu den Ideengebern: Tagine bezeichnet das Schmorgefäß und zugleich das darin gekochte Gericht

Zu einem einst wie heute beliebten Wintergericht braucht man nur Kartoffeln, Gemüse und Fleisch; die Zutaten werden in einem Topf gekocht und anschließend mit einem Stampfer vermengt – schon ist das Stamppot fertig. Bei den Zutaten setzt der Phantasie nur der Inhalt der Speisekammer Grenzen, beliebt sind Möhren, Zwiebeln, Lauch, Kohl, Rüben, Rauchwurst, Speck oder Blutwurst. Manchmal gelingt dem einstigen Arme-Leute-Essen mit einer Scheibe gegrilltem Lachs sogar der Sprung auf die Speisekarte eines edlen Bistros.

Bei aller hochgeschätzter Hausmannskost, kulinarischen Genüssen sind die Holländer jedoch ganz und gar nicht abgeneigt und haben Traditionelles längst internationalisiert. Das merkt man sofort bei einem Bummel durch die Restaurantszene, das Angebot reicht – ähnlich wie in vielen anderen europäischen Städten – von Indisch und Japanisch über Chinesisch bis Italienisch und Türkisch. Auch die Kolonialzeit hat ihre Spuren hinterlassen, denn vor allem indonesische Einflüsse in der niederländischen Küche sind kaum zu übersehen, sie reichen von Pommes mit Erdnusssauce und Frühlingsrollen bis zur indonesischen Reistafel.

Der Griff nach den Sternen

Frankreich und das nahe Belgien gelten ja schon länger als kulinarische Großmächte, doch auch die Niederlande haben sich mit ehrgeizigen Spitzenköchen jedes Jahr ein paar mehr Michelin-Sterne erkocht. Mittlerweile schmücken sich landesweit mehr als 100 Restaurants mit mindestens einem der begehrten Sterne, womit das Land eine Top-Fünf-Position in Europa einnimmt. Kulinarisches Zentrum ist natürlich Amsterdam mit mehr als einem Dutzend Sternerestaurants. Aber auch in Rotterdam kann man exzellent – und teuer – dinieren.

Am anderen Ende der kulinarischen Skala tummeln sich die Imbissbuden, die es gefühlt an jeder Ecke gibt und die vor allem mit Frittiertem werben. Eine – bei uns so gut wie unbekannte – Steigerung des schnellen Genusses bilden die Automaten, in

Apeltaart zählt zu den Klassikern der holländischen Kaffeetafel. Besonders köstlich ist die des Amsterdamer „Cafés Pompadour" aus der Huidenstraat

Maastrichter Altstadtcafé: Limburg zählt eindeutig zu den Feinschmecker-Provinzen der Niederlande – was nicht heißt, dass auch Handfestes auf den Tisch kommen kann, Belegde Brodjes, Uitsmijter mit Schinken und Käse oder schlicht Speck mit Ei

denen mundwarme Leckerbissen darauf warten, dass jemand ein Geldstück einwirft, das Glasfach öffnet und dann herzhaft in Frikandel, Krokette oder Bitterball beißt. „Essen aus der Wand" nennen die Holländer diese Erfindung, die schon seit Jahrzehnten ihre Liebhaber findet.

Ganz wichtig: die Käsewelt

Seit Frau Antje in den 1960er-Jahren begann, mit strahlendem Lächeln einen goldgelben Käselaib in die Kameras zu halten, kennen wir den Exportschlager unserer Nachbarn: Kaas. Unübertroffen in der Beliebtheit ist der Goudse Kaas, der Gouda, der nahezu zwei Drittel der Käseproduktion ausmacht. Er wird in unterschiedlichen Reifegraden angeboten: Jonge Kaas ist am kürzesten gereift und schmeckt sahnig mild. Belegen ist schon würziger im Geschmack und von festerer Konsistenz. Oude Kaas schmeckt am aromatischsten. Und dann sind da noch Edamer, Maasdamer und Leerdamer, die drei bei uns ebenfalls gut bekannt, während Beemster, Boeren Leidenkaas, Dutch Mimolette oder Commissiekaas, Friese Kaas, Kernhem und Leyden eher als etwas für die Käsekenner gelten.

Kroketten – gern auch mit Brot und Salat

Wonach greifen die Niederländer?

Bei der Suche nach typisch Holländischem trifft man an jeder Ecke auf Pommes frites – im Norden Patat genannt, im Süden eher Friet, mit Mayonnaise, Curry- oder Erdnusssauce und Zwiebeln als Beilage.

Nederlandse Poffertjes sind kleine, relativ dicke Pfannkuchen aus Weizen- und Buchweizenmehl, die in einer speziellen Pfanne, der Poffertjespan, gebacken werden. Zur süßen Leckerei, die auf keinem Markt fehlt, werden sie durch reichlich Puderzucker.

Ohne die rechte Süße geht es einfach nicht in den Niederlanden. In Deutschland nennen wir sie Schokostreusel, in Holland ist es Hagelslag. Die länglichen Schokostückchen sind der beliebteste Brotbelag, der direkt aus der Verpackung aufs gebutterte Brot gestreut wird. Kein Frühstücksbuffet kommt ohne Hagelslag aus.

Doch auch beim Lakritzverbrauch sind die Niederländer Spitze, ohne Dropjes geht es nicht. Die kleinen schwarzen Kaubonbons bekommt man süß oder salzig, hart oder weich, rund oder eckig, scharf oder mild und natürlich in allen nur erdenklichen Geschmacksrichtungen.

Und noch eine Leckerei: Man nehme zwei runde, knusprige Waffeln, bestreiche sie mit Sirup und klebe sie zusammen – schon hat man eine Stroopwafel. Auf Märkten bekommt man sie frisch und noch warm, abgepackt in jedem Supermarkt. Traditionell isst man sie zum Kaffee, Tee oder Kakao, damit der Sirup nicht ganz so zäh ist, legt man sie zum Erwärmen kurz auf die Tasse.

Nun steht es vielen eher nach etwas Herzhaftem. Abends in der Kneipe zum Bier, zwischendurch als Snack oder auf Partys sind Krokets, Bitterballen und Frikandellen gefragt, die alle ziemlich ähnliche Zutaten haben, und sich nur in der Form unterscheiden. In Deutschland bestehen Kroketten nur aus Kartoffeln, in den Niederlanden haben sie eine Fleischfüllung und werden mit Senf gegessen. Frikandellen bestehen aus fein gehacktem Schweine-, Rind-, oder Geflügelfleisch, das mit Weizen- oder Sojamehl gebunden und dann in Würstchenform frittiert wird. Bitterballen werden als Bällchen ausgebacken. Appetit bekommen?

Auf die feinere Art: gebratener Junghuhnschenkel auf Kartoffelerbsenpüree im Amsterdamer Restaurant „Greetje“

Waddenzee
Maßstab 1:800.000
10km
Leeuwarden (Ljouwert)
GRONINGEN
Harlingen (Harns)
Drachten
Smallingerland
Heerenveen
Sneek (Snits)
Workum
Assen
Emmen
Hoogeveen
Coevorden
Meppel
Steenwijk
Lemmer
Emmeloord
Noordoostpolder
IJsselmeer
Enkhuizen
Hoorn
Urk
Markermeer
Lelystad
Kampen
Zwolle
Dronten
Purmerend
Edam
Volendam
Monnickendam
AMSTERDAM
Almere
Harderwijk
Elburg
Nunspeet
Epe
Deventer
APELDOORN
Hilversum
Amstelveen
Naarden
Bussum
Nijkerk
Ede
Barneveld
UTRECHT
AMERSFOORT
Zeist
Nieuwegein
Zutphen
Almelo
Hengelo
ENSCHEDE
Nordhorn
Oldenzaal
Ommen
Hardenberg
Rijssen
Nijverdal
Raalte
Doetinchem
ARNHEM
NIJMEGEN
Wageningen
Rhenen
Culemborg
Tiel
Oss
's-Hertogenbosch
TILBURG
EINDHOVEN
Helmond
Venlo
Boxmeer
Kleve
Emmerich a.Rh.
Bocholt
Wesel
Dinslaken
Kevelaer
Geldern
Goch
Borken
Dorsten
Gladbeck
BOTTROP
GELSENKIRCHEN
OBERHAUSEN
MOERS
DUISBURG
MÜLHEIM a.d.R.
KREFELD
Kempen
Gronau
Ahaus
Vreden
Eibergen
Winterswijk
DEUTSCHLAND
Turnhout
Veldhoven
Weert
Waalwijk
Zaltbommel
Gorinchem
Leerdam
IJsselstein
Houten
Vianen
Veenendaal
Doorn
Renkum
Rheden
Dieren
Doesburg
Zevenaar
Wijchen
Heumen
Gennep
Cuijk
Uden
Veghel
Boxtel
Oisterwijk
Dongen
Rijen
Deurne
Venray
Horst
Tegelen
Straelen
Hattem
Heerde
Wezep
Oldebroek
Putten
Ermelo
Staphorst
Dalfsen
Wierden
Goor
Lochem
Borculo
Neede
Haaksbergen
Aalten
Lichtenvoorde
Emmerich
Rees
Xanten
Kamp-Lintfort
Rheinberg
Issum
Alpen
Voerde
Hünxe
Raesfeld
Reken
Velen
Gescher
Stadtlohn
Wolvega
Oosterwolde
Roden
Leek
Veendam
Winschoten
Stadskanaal
Hoogezand-Sappemeer
Borger
Beilen
Zuidlaren
Slochteren
Scheemda
Franeker
Bolsward
Joure
Lemsterland
Weststellingwerf
Ooststellingwerf
Opsterland
Skarsterlân
Sint Nicolaasga
Balk
Medemblik
Andijk
Koggenland
Zeewolde
Huizen
Laren
Soest
Baarn
Maarssen
Bunnik
Driebergen-Rijsenburg
Wijk b. D.
Kesteren
Buren
Echteld
Druten
Beuningen
Ubbergen
Groesbeek
Rosmalen
Vught
Geldermalsen
Lunteren
Otterlo
Nat. Park de Hoge Veluwe
Nat. Park Veluwezoom
Twente
Markelo
Haaksbergen
Nieuw-Amsterdam
Schoonebeek
Rheinkamp
Neukirchen-Vluyn
Walbeck
Asten
Someren
Geldrop
Mierlo
Nuenen
Best
Son en Breugel
Oirschot
Eersel
Bladel-Netersel
Valkenswaard
Bergeijk
Arendonk
Helden
Maasbree
Meijel
Sevenum
Grubbenvorst
Nettetal
Grefrath
Tönisvorst

Durch die niederländischen Rheinlande

In den Provinzen Utrecht, Gelderland und Overijssel sind traditionsreiche Städte zu finden – mit Nijmegen sogar die älteste im Land – und mit dem Nationalpark De Hoge Veluwe ein einmaliges Naturjuwel. Das alle verbindende Element ist der Rhein, der mit seinen Nebenflüssen das Land durchzieht.

1 Utrecht

Mit knapp 345 000 Einw. ist Utrecht die viertgrößte Stadt der Niederlande, als römische Gründung aus dem Jahr 48 n. Chr. und Hauptstadt der gleichnamigen Provinz zudem eine der ältesten des Landes. Bekannt ist Utrecht als Geburtsort von Papst Hadrian VI. (1459 bis 1523) und für ihre 1636 gegründete Universität. Zudem gehört die verkehrstechnisch günstig gelegene, noch von einigen Grachten mit alter Bebauung durchzogene Stadt zu den industriellen Zentren des Landes.

SEHENSWERT

Mit 112 m ist der Turm des **Doms** höher als jeder andere Kirchturm des Landes; über 465 Stufen erreicht man die Aussichtsplattform. Aber auch unter der Erdoberfläche ist der eindrucksvolle Dombau (13.–16. Jh.) einen Besuch wert; bei der Führung DomUnder durchstreift man Ausgrabungen aus der fast 2000-jährigen Geschichte der Stadt (www.domunder.nl; Di. bis So. stdl. 10.30–16.30 Uhr).
Das 1924 erbaute **Rietveld-Schröder-Haus** gilt als Meisterwerk moderner Architektur und beispielhaft für die niederländische Stilrichtung De Stijl; es ist UNESCO-Welterbestätte (Prins Hendriklaan 50,https://centraalmuseum.nl/en/visit/locations/rietveld-schroder-house/; Di.–So. 11.00–17.00 Uhr. Einlass nur mit vorab online gebuchten Tickets).

MUSEEN

Ein früherer Klosterbau beherbergt das der christlichen Kulturgeschichte der Niederlande gewidmete **Museum Catharijneconvent** (Lange Nieuwstraat 38, ww.catharijneconvent.nl; Di.–Fr. 10.00–17.00, Sa. und So. 11.00–17.00 Uhr). In der ehem. Stadtkirche (13.–16. Jh.) zeigt das Museum für mechanische Musik Drehorgeln und andere selbstspielende Instrumente (**Museum Speelklok,** Steenweg 6, www.museumspeelklok.nl; Di.–So. 10.00–17.00 Uhr). Im **Spoorwegmuseum** schlagen die Herzen aller Eisenbahnfreunde höher, präsentiert es doch alles über die 175-jährige Bahngeschichte der Niederlande (Maliebaanstation, www.spoorwegmuseum.nl; Di.–So. 10.00 bis 17.00 Uhr).

Der gotische Kreuzgang des Utrechter Doms verbindet ihn mit der Universität (links). Unterm Gewölbe: Utrechts Museum Speelklok (oben)

ERLEBEN

Grachtenrundfahrten sind ab Oudegracht 85 möglich (www.schuttevaer.com). Noch spannender ist es, mit einem Mietkanu durch die Grachten Utrechts zu paddeln (Oudegracht 275, www.kanoverhuurutrecht.nl).

RESTAURANTS

Im **€ Café Olivier** (Achter Clarenburg 6a, www.cafe-olivier.be) isst man herzhaft und trinkt süffiges Bier – in einer alten Kirche. Einst Transportweg der Waren zu den Speichern und Lagerkellern, säumen die Grachten heute Restaurants und Cafés – speziell an der **Oude Gracht** liegt ein Lokal am anderen.

UMGEBUNG

Enge Gassen und eine romantische Altstadt sind **Amersfoorts** (23 km nordöstl.) Markenzeichen. Dort lässt sich das Geburtshaus des weltberühmten Malers der klassischen Moderne Piet Mondriaan (1872–1944) besichtigen (Kortegracht 11, www.mondriaanhuis.nl; Di. bis So. 11.00–17.00 Uhr). **Huis Doorn** im gleichnamigen Örtchen (28 km südöstl.) war nach seiner Abdankung 1918 die Exilresidenz (1920 bis 1941) des letzten deutschen Kaisers Wilhelm II. (1859–1941); durch seine Flucht ins neutrale Holland entging er einem Kriegsverbrecherprozess. Er liegt im Mausoleum im Schlosspark begraben (www.huisdoorn.nl; Di. bis Fr. 13.00–17.00, Sa. und So. 12.00–17.00 Uhr).

INFORMATION

Tourist Info Utrecht, Domplein 9, NL-3512 JC Utrecht, Tel. 03 02 36 00 04 (kostenpflichtig), www.visit-utrecht.com

2 Arnhem

Die Hauptstadt (156 500 Einw.) der Provinz Gelderland ist durch den Spielfilm „Die Brücke von Arnheim“ (1977) mit internationaler Starbesetzung bekannt. Die 1944 zwischen alliierten und deutschen Truppen erbittert umkämpfte Rheinbrücke steht heute noch. Die günstige Lage an diesem Fluss und Handelsweg machte die 1233 zur Stadt erklärte Siedlung zu einem erfolgreichen Wirtschaftsplatz, der im 15. Jh. Mitglied der Hanse wurde.

SEHENSWERT
Wie die gesamte Altstadt wurde die dem hl. Eusebius geweihte **Grote Kerk** (Urspr. 15. Jh.) im Zweiten Weltkrieg stark beschädigt; wieder aufgebaut dominiert sie heute den Marktplatz. Hier sind auch das **Alte Rathaus** (um 1540), wegen seiner Ausschmückung auch Duivelshuis (Teufelshaus) genannt, und das moderne Provinciehuis, der Sitz der Provinzregierung, zu finden. Das **Kulturzentrum Rozet** (Kortestraat 16, www.rozet.nl) ist nicht nur Heimat der Bibliothek, sondern auch Ausstellungsraum und Veranstaltungsort

MUSEEN
Kein europäisches Land dürfte so vom Wasser geprägt sein wie die Niederlande – nur logisch, dass es hier auch ein großes **Wassermuseum** gibt (Watermuseum, Zijpendaalseweg 26, www.watermuseum.nl; Di.–So. 11.00–17.00 Uhr). Auf eine Zeitreise zurück in die Geschichte begibt man sich im **Niederländischen Freilichtmuseum** (s. auch S. 62). Aus dem ganzen Land hat man hier erhaltenswerte Gebäude zusammengetragen und in ein „lebendes Museum" mit Bauern, Handwerkern und Fischern integriert (Het Nederlands Openluchtmuseum, Hoeferlaan 4, https://openluchtmuseum.nl; Ende März–Okt tgl. 10.00–17.00 Uhr, sonst nur an Wochenenden und eingeschränkt). In der Nähe des Freilichtmuseums liegt **Burgers' Zoo** (s. auch S. 63), der als einer der besten seiner Art in den Niederlanden gilt (Antoon van Hooffplein 1, www.burgerszoo.nl; April–Okt. tgl. 9.00–18.00, sonst tgl. 9.00–17.00 Uhr).

Nijmegens Alte Waage am Marktplatz (links). Stadtmauerrest in Zwolle (rechts oben). Palais Het Loo in seinem Park (rechts unten)

Tipp

Krieg und Befreiung

In der Grenzregion Nijmegen wird in zwei Museen die Zeit des Zweiten Weltkriegs thematisiert und aufgearbeitet. Im Airborne Museum Hartenstein am Stadtrand von Arnhem erzählt man im ehem. Hauptquartier der britischen Armee die Schlacht um Arnhem nach. Im Nationalen Befreiungsmuseum in Groesbeek bei Nijmegen geht es um den Widerstand gegen Nazi-Deutschland und die Befreiung durch die Alliierten in den Kriegsjahren 1944 und 1945.

INFORMATION
Airborne Museum Hartenstein, Rijnkade 155, Arnhem, www.airbornemuseum.nl; Mo.–So. 10.00–17.00 Uhr.
Nationales Befreiungsmuseum, Wylerbaan 4, Groesbeek, südöstl. von Nijmegen, www.bevrijdingsmuseum.nl; Mo.–Sa. 10.00–17.00 Uhr

RESTAURANT
Das **€€€/€€ Het Savarijn** bereitet Traditionelles modern auf – gerne in einer Kombination aus asiatischen Gewürzen und einheimischen Gerichten (Nijmegen, Van der Brugghenstraat 14, Tel. 02 43 23 26 15, www.savarijn.nl).

UMGEBUNG
In **Nijmegen** (168 000 Einw., 25 km südl.) ist der Marktplatz mit der Waage (1612), seinen vielen Cafés und der nahe gelegenen, urspr. gotischen Sint-Stevenskerk (wieder aufgebaut) besuchenswert. Nijmegen ist als römische Siedlung und spätere karolingische Kaiserpfalz, Reichs- und Hansestadt die älteste Stadt des Landes. Die Poldergebiete in der Umgebung eignen sich hervorragend für Fahrradausflüge.

INFORMATION
Visit Arnhem, Stationsplein 158 C, NL-6811 KL Arnhem, Tel. 09 00 112 23 44 (gebührenpflichtig), www.visitarnhem.com und www.visitnijmegen.com

3 Apeldoorn

Apeldoorn (160 000 Einw.) ist eine sehr grüne Stadt, mit vielen Parks und prunkvollen Stadthäusern. Dass es die Reichen hierher zog, lag am Königshaus, denn dessen Angehörige lebten lange Zeit hier. Weil Staatsbeamte und die Prominenz in deren Nähe wohnen wollten, entwickelte sich Apeldoorn im 19. Jh. schnell vom Bauerndorf zur Villenstadt.

SEHENSWERT
Am Stadtrand liegt das Königliche Lustschloss **Paleis Het Loo,** erbaut Ende des 17. Jh. und Anfang des 19. Jh. erweitert. Das Innere des prachtvollen Schlosses lockt mit Prunk und einer Gemäldesammlung. Die ehem. Ställe dienen heute als Fahrzeugmuseum, in dem nicht nur die Autos der Königsfamilie, sondern auch Kutschen und Schlitten ausgestellt sind (Koninklijk park 1, Eingang über Amersfoortseweg, www.paleishetloo.nl; Di.–So. 10.00–17.00, Schlosspark tgl. 9.00–18.00 Uhr).
Die Parkanlage **Berg en Bos** nutzen viele Apeldoorner als Naherholungsgebiet und besuchen während des Spaziergangs die Affen im Freigehege Apenheul (J. C. Wilslaan 21; tgl. zugänglich).

UMGEBUNG
Der Wohlstand der ehemaligen Hansestadt **Zutphen** (47 000 Einw.; 22 km südöstl.) ist bis heute am Stadtbild zu erkennen. Die Türme vieler mittelalterlicher Kirchen, darunter die St. Walburgskerk (Urspr. 12. Jh.), bilden die Silhouette der Stadt. Mehr als 300 Wohnhäuser stehen unter Denkmalschutz.

INFORMATION
VVV Apeldoorn, Vosselmanstraat 299, NL-7311 CL Apeldoorn, www.apeldoorn-binnenstad.nl

4 Zwolle

Die 125 000 Einw. zählende Stadt mit ihrem mittelalterlichen Zentrum ist die Hauptstadt der Provinz Overijssel. Der Viehmarkt der ehem. Hansestadt (ab 1348) ist noch heute einer der größten des Landes. Zwolle ist zudem wichtiger Industriestandort.

SEHENSWERT
Die dem hl. Michael geweihte **Grote Kerk** (15. Jh.) erhebt sich imposant am Marktplatz inmitten der noch von ihrem Stadtgraben umgebenen Altstadt. Im Inneren sehenswert sind vor allem die Holzschnitzereien (Kanzel von 1622) und die berühmte Zwoller Orgel, die im frühen 18. Jh. von Arp Schnitger gebaut wurde. Vom Turm der **Onze Lieve Vrouwekerk** (15. Jh.) am Ossenmarkt, im Volksmund Peperbus (Pfefferbüchse) genannt, genießt man einen weiten Rundblick. Sehenswert ist das fünftürmige **Sassenpoort** (um 1400) als imposantes Überbleibsel der Stadtmauer.

RESTAURANT
Das **€€€ De Librije** ist das bekannteste Drei-Sterne-Restaurant des Landes. Hier steht mit Jonnie Boer eine Institution am Herd; ein Mann der einst den ersten Michelin-Stern für die Niederlande erkocht hat. Bei aller Spitzenqualität kocht Boer nicht abgehoben, sondern bringt aus regionalen Produkten ohne viel Firlefanz Hervorragendes auf die Teller (Spinhuisplein 1, Tel. 038 853 00 00, www.librije.com).

UMGEBUNG
Kampen (53 000 Einw., 20 km westl.) lohnt wegen seiner malerischen Altstadt mit über 500 denkmalgeschützten Häusern den Besuch. Auch **Deventer** (57 000 Einw., 34 km südl.) verfügt über eine sehr schöne Altstadt. Die meisten Sehenswürdigkeiten, wie die Waage (1531 und 1644), das historische Museum (www.historischmuseumdeventer.nl) und die gotische Grote Kerk (15.–17. Jh.) liegen entweder am oder in der Nähe des Hauptplatzes Brink.

INFORMATION
Touristinfo Zwolle, Achter de Broeren 1, NL-8011 VA Zwolle, Tel. 038 421 38 44, www.zwolle.nl/english/tourist-information

5 Enschede

Die Grenzstadt Enschede (158 000 Einw.) hat im Laufe ihrer Geschichte einige Schicksalsschläge hinnehmen müssen: 1862 fiel die Stadt einem Brand zum Opfer, im Zweiten Weltkrieg wurde sie, unmittelbar an der deutschen Grenze gelegen, von alliierten Verbänden irrtümlicherweise bombardiert, und im Mai 2000 zerstörte eine riesige Explosion in einer Feuerwerksfabrik einen ganzen Stadtteil. An historischer Bausubstanz blieb deswegen nur wenig erhalten. Die einst beherrschende Textilindustrie konnte mittlerweile durch andere Industriezweige ersetzt werden. Zudem ist Enschede ein kulturelles Zentrum und ein beliebter Einkaufsort der Region – auch grenzüberschreitend.

MUSEUM
Schwerpunkt der Sammlung des **Rijksmuseum Twenthe** liegt auf der Kunst Flanderns und der Niederlande ab dem 15. Jh. bis heute (Lasondersingel 129-13, www.rijksmuseumtwenthe.nl; Di.–So. 11.00–17.00 Uhr).

UMGEBUNG
Ootmarsum (27 km nördl.) lag lange abseits der Verkehrsströme – es führte weder die Eisenbahn in die Stadt, noch war sie auf dem Wasserwege zu erreichen. Die industrielle Entwicklung fand deswegen andernorts statt. Heute profitiert die 4500-Seelen-Gemeinde davon und lockt Touristen mit ihrem authentischen mittelalterlichen Aussehen.

INFORMATION
Enschede Promotie, Langestraat 41 (Janninkshuis), NL-7511 HB Enschede, Tel. 053 480 19 70, www.uitinenschede.nl

Genießen Erleben Erfahren

DuMont Aktiv

Van Gogh und die Hirsche

Wo sonst kann man das? Erst Hirsche schauen und dann van Goghs Sonnenblumen bewundern? Der Nationalpark De Hoge Veluwe vor den Toren Arnhems bietet diese zugegeben etwas ungewöhnliche Kombination.

Der Nationalpark De Hoge Veluwe bietet ein abwechslungsreiches Potpourri fast aller Landschaftstypen, die die Niederlande zu bieten haben: Wälder, Polder, Dünen und sogar das, was man in den Niederlanden unter dem Begriff Berge versteht. Der Park eignet sich perfekt für Fahrradtouren, im Eintritt sind Mietfahrräder inbegriffen. Sehenswert ist das Jagdschloss Sint Hubertus, erbaut 1920 von dem berühmten Architekten Hendrikus Berlage, der nach Vorgabe des Auftraggebers, einem leidenschaftlichen Jäger, den Grundriss in Form eines Hirschgeweihs plante. Hirsche, Rehe, Wildschweine und auch Mufflons sieht man nicht nur auf den geführten Wanderungen, sondern oft auch von vielen Beobachtungspunkten.

Das im Park gelegene Museum Kröller-Müller ist ein Muss für jeden Liebhaber moderner Kunst. Es beherbergt die weltweit zweitgrößte Sammlung von Werken Vincent van Goghs. Aber auch darüber hinaus besitzt das Museum eine phantastische Sammlung bedeutender Gemälde, darunter Werke von Paul Cézanne, Eduard Manet, Claude Monet, Pablo Picasso und dem berühmten Holländer Piet Mondrian.

Weitere Informationen

Nationalpark De Hoge Veluwe, www.hogeveluwe.nl; tgl. je nach Jahreszeit 8.00/9.00 bis 18.00/19.00/20.00/22.00 Uhr. Parkeingänge in Schaarsbergen bei Arnhem, Hoenderloo und Otterloo.

Museum Kröller-Müller, www.krollermuller.nl; Di.–So. 10.00–17.00 Uhr. **Restaurants:** „Theekoepel" im Jagdschloss, „Monsieur Jacques" im Museum und ein Selbstbedienungsrestaurant beim Besucherzentrum

Prinseleke veendel
4x11 Vreug en Neugter
2015
Triumph

Europa im Kleinen

Die nahe Grenze zu Deutschland und Belgien prägt die Menschen in den Provinzen Limburg und Nordbrabant. Dies spürt man besonders im südlichen Teil Limburgs mit Maastricht als der wichtigsten Stadt. Wer hier durch die Straßen geht, hört ein Klangbild aus nahezu allen europäischen Sprachen. Die Idee eines gemeinsamen Europas ist in der Stadt, in der der gleichnamige Vertrag der Europäischen Union geschlossen wurde, im Kleinen bereits Realität geworden.

Die Fünfte Jahreszeit bringt Groß und Klein auf die Straße: Karneval in Maastricht

Der Übergang über die Maas war der Ursprung von Maastricht

Der Name Maastricht steht für große Geschichte – und nicht zuletzt für den europäischen Einigungsprozess.

Wenn es eine wirklich internationale Stadt gibt, dann ist das Maastricht. Flankiert von Belgien und Deutschland, liegt sie im äußersten Süden der Niederlande – hier wurde das Beste aus den drei Ländern vereint, mit einer Prise französischem Lebensgefühl gewürzt und so ein ganz eigenes Maastrichter Flair kreiert. Korrekter wäre es vielleicht vom Limburger Flair zu sprechen, denn die ganze Provinz strahlt etwas von dieser besonderen Leichtigkeit aus. Zu dem bunten Mix tragen auch die vielen Studenten aus aller Herren Länder bei, die an der hiesigen Universität studieren – immerhin fast ein Drittel kommt aus dem nahen Deutschland.

Da passt es auch, dass die Europäische Union in Maastricht gegründet wurde – 1992 war es, im „Vertrag von Maastricht". Ganz eigen ist der regionale Dialekt, der bei manchem Niederländer eher ein Stirnrunzeln als großes Verständnis auslöst. Doch sogar der ist auf gewisse Weise international, hat er doch Elemente aus den Nachbarsprachen übernommen. Maastricht zählt im Übrigen zu den ältesten Städten der Niederlande – bereits vor Christi Geburt schlugen die Römer hier eine Brücke über den Fluss. Die romanische Sint-Servaasbasiliek beispielsweise gilt als älteste Kirche des Landes, und auch die Servaasbrug aus dem 13. Jahrhundert kann das Prädikat „älteste" für sich beanspruchen.

Bars rund um den Friedhof

Brücken sollen ja normalerweise verbinden, der in Maastricht gelang das nicht von Anfang an. Wie in Köln auch, waren die Bewohner links und rechts des Flussufers lange Zeit nicht gut aufeinander zu sprechen – in den „anderen" Stadtteil ging man nur, wenn es sich gar nicht vermeiden ließ. Heutzutage ist das anders. Dumm wäre auch der, der die stimmungsvollen Bars und Kneipen rund um den Onze Lieve Vrouweplein oder den Vrijthof miede, nur weil er auf der „falschen" Seite der Stadt wohnt. Besonders schade wäre das im August, wenn das Feinschmeckerfestival den Vrijthof – der Name lügt hier nicht, tatsächlich war der Platz früher ein Friedhof – vier Tage lang in das größte Freiluftlokal der Niederlande verwandelt.

Gegessen und getrunken wird in Limburg aber ohnehin gern und gut. Limburger Spargel und der Limburgse Vlaai, ein gefüllter Obstkuchen, sind die Spezialitäten. Als Weinland kennt man die Niederlande zwar nicht, doch der Limburger Wein hat durchaus Qualitäten. Limburg liegt als einzige Provinz des Landes vollständig über dem

Wieder ein wenig wie im Mittelalter: Kirche als Handelplatz – hier in Maastrichts gotischer Dominikanerkirche (ganz links). Ursprünglich eine Tuchhalle: das Maastrichter Rathaus (links)

Das Dinghuis in Maastrichts Kleine Straat entstand 1470 als damaliges Rathaus. Lange als Gericht genutzt, residiert hier heute die Touristinformation

Auch in den Niederlanden spürt der Karneval dem Puls der Zeit nach

Das Hochmoor De Groote Peel liegt zwischen Eindhoven und Venlo. Mittlerweile ist es einer der niederländischen Nationalparks

Hier fordern Berge die Radler – am Dreiländerpunkt

Meeresspiegel – nirgends sind die Niederlande so hoch wie hier. So mancher Wein wächst deswegen tatsächlich an einem „Weinberg". Mit 322,70 Meter ist der Vaalserberg die höchste Erhebung des Landes. Man muss aber schon genau messen, denn der Bergrücken zieht sich über die Landesgrenze hinweg nach Belgien hinein, und dort ist er nochmals fast zwei Meter höher.

Von Bosch zu Brueghel

's-Hertogenbosch, meist schlicht Den Bosch genannt, ist die Hauptstadt der Provinz Nordbrabant. Stolz ist man dort auf die malerische Altstadt mit den Giebelhäusern entlang der Grachten. Vor allem aber auf den Maler Hieronymus Bosch, der hier geboren wurde und für seine apokalyptischen Bilder bekannt ist. 2016 gedachte man in den Niederlanden seines 500. Todesjahrs, und auch in seiner Geburtsstadt fand eine große Ausstellung statt. Erstaunlicherweise besitzt das Museum der Stadt aber keines der Werke ihres großen Sohns, so dass man in Boschs Heimatstadt auf Reproduktionen zurückgreifen muss. Immerhin: Skurrile Fabelwesen, wie sie auch Bosch gefallen hätten, sitzen oben auf dem Dach der St.-Johannes-Kathedrale. Die ist ohnehin das größte Juwel der Stadt, zählt sie doch zu den bedeutendsten mittelalterlichen Kirchen des Landes.

In Valkenburg aan de Geul ist das Château Sint-Gerlach zu finden – heute ein Schlosshotel. Ende des 18. Jahrhundert erhielten die einstigen Klosterbauten ihr heutiges Aussehen

Breda ist die zweite große Stadt in Nordbrabant, und auch aus ihr stammt ein berühmter holländischer Maler. Der Renaissancekünstler Pieter Brueghel, als dessen großes Vorbild im Übrigen der eben genannte Hieronymus Bosch gilt, kam hier zur Welt. Ähnlich wie in 's-Hertogenbosch: Auch Breda muss passen, wenn man nach Originalwerken des bekanntesten Sohnes der Stadt fragt. Hier bestimmt ebenfalls ein beeindruckender Kirchbau das Bild der Altstadt. Die Grote Kerk überragt mit ihrem fast 100 Meter hohen Turm den Havermarkt, an dem Einwohner und Touristen im Sommer draußen auf den Freiterrassen der Restaurants und Kneipen sitzen und sich mit einem Bredaer – einem Bier aus einheimischer Produktion – erfrischen. Im Umland liegt mit dem Nationalpark De Biesbosch eines der letzten Feuchtgebiete Europas. Vögeln gefällt es hier, und Holländern auf dem Fahrrad, die den Park auf zwei Rädern erobern. Noch schöner aber ist es mit dem Kanu, auf dem Wasser ist der Park geradezu ein Paradies.

PSV und van Gogh

Deutlich größer als 's-Hertogenbosch und Breda ist Eindhoven, die dritte wichtige Stadt in Nordbrabant. Hier liegt das industrielle Herz der Provinz, und als jahrzehntelanger Sitz und Gründungsort des

Auch Breda blickt stolz auf seine Rolle in den Befreiungskriegen gegen Spanien. Hier nahm der Widerstand 1566 seinen Anfang.

Über Bredas Großem Markt ragt die eindrucksvolle gotische Grote Kerk genannte Liebfrauenkirche auf (rechts). In Eindhovens altem Zentrum ist das futuristische Gebäude „De Blob“ zu finden, aus Glas und Stahl entworfen vom italienischen Architekten Massimiliano Fuksas. Es bildet den Eingang zum Einkaufszentrum „De Admirant“ (links unten)

Auf Heusdens Bastionen stehen noch drei Windmühlen (ganz links).
’s-Hertogenboschs Marktplatz dient unverändert einem traditionellen Wochenmarkt als Standort. Ihn schmückt die Skulptur des Malers Hieronymus Bosch (links)

Östlich von Breda liegt Oudenbosch. Die Basiliek van de HH. Agatha en Barbara wurde bis 1880 nach dem Vorbild des Petersdoms errichtet

Tilburg war lange ein Zentrum der Textilindustrie. In einer stillgelegten Fabrik residiert heute das Kunstmuseum De Pont

Special

Karneval

Die Fünfte Jahreszeit

Karneval in den Niederlanden? Diese Feststellung kommt für viele Besucher unseres westlichen Nachbarn überraschend.

Wie in Deutschland so in den Niederlanden: Seit jeher gilt die Zahl „elf“ als närrische Zahl, symbolisiert sie doch die Überschreitung der zehn Gebote. Somit ist gerade der 11.11. wunderbar als Beginn der Fünften Jahreszeit geeignet, die bekannterweise am Abend des „Vastenavond“, des Faschingsdienstags, endet.

Auch in den Niederlanden ist es der über die Jahrhunderte katholisch gebliebene Süden, der ausschweifend „Carnaval“ feiert. Im protestantischen Norden gibt es nur hin und wieder Faschingspartys. Maastricht, Bergen op Zoom, ‘s-Hertogenbosch und Venlo gelten als Hochburgen. Schüler und Studenten haben hier „Carnavalsvakantie“, Karnevalsferien. Ihren Höhepunkt erreicht die Fünfte Jahreszeit mit den Straßenumzügen von „Carnavalsdonderdag“ (Weiberfastnacht) bis Faschingsdienstag, oft auch „Vette dinsdag“ genannt. Die Bürgermeister haben ihre Stadtschlüssel längst an den Karnevalsprinzen übergeben, der für ein paar Tage sein „Königreich der Narren“ feiert. Prunkzüge mit aufwendig gestalteten Karnevalswagen und kostümierte Menschen beherrschen dann die Straßen. Es wird ausgelassen gesungen, getanzt und getrunken – bis am Aschermittwoch der Spaß vorbei ist und, zumindest für die Katholiken unter den Jecken, der Ernst der Fastenzeit beginnt.

Philips-Konzerns ist Eindhoven zum wirtschaftlichen Zentrum des Südens aufgestiegen. Glühlampen waren übrigens die Basis des weltweiten Erfolgs dieses immer wieder für überraschende Entwicklungen bekannten Unternehmens – man denke nur an die 1963 auf den Markt gebrachte Compact Cassette. Mit deutlich mehr als 227 000 Einwohnern ist Eindhoven inzwischen die fünftgrößte Stadt des Landes.

Richtig stolz ist man auf den Fußballclub PSV, der – aus einer Philips-Betriebssportgruppe hervorgegangen – in den Niederlanden die einzig ernst zu nehmende Konkurrenz zu den beiden Großclubs Ajax Amsterdam und Feyenoord Rotterdam ist und auch international immer wieder mal aufhorchen lässt. Und einen großen Künstler kann man, ähnlich wie ‘s-Hertogenbosch und Breda, ebenfalls vorweisen. Vincent van Gogh ist zwar nicht in Eindhoven geboren, hat aber bei seinen Eltern in dem landwirtschaftlich orientierten Dörfchen Nuenen, heute zehn Kilometer vor den Toren der Stadt, gelebt. Aus dieser, für ihn produktiven Zeit stammt sein bekanntes düsteres Werk „Die Kartoffelesser“. Aber bereits nach zwei Jahren hielt es den unruhigen Geist nicht mehr in der für ihn perspektivlosen Provinz, und er ging für eine Weile nach Antwerpen.

FREIHEIT IN EINEM KLEINEN LAND

Wie liberal sind die Niederländer?

Tolerante Drogenpolitik, fortschrittliche Politikansätze und viel Respekt im Umgang miteinander, so kennt man die Niederländer. Gleichzeitig nimmt der Zuspruch für rechtspopulistische Parteien seit Jahren zu. Ein Widerspruch?

Aller Anfang ist klein: Cannabis-Samen auf dem Amsterdamer Blumenmarkt

Die Niederländer sind ausgesprochen lässig drauf. So jedenfalls sehen viele Deutsche die Nachbarn im Westen – je nach Einstellung als leuchtendes Vorbild oder als negativer Musterfall. Erstes Beispiel für das liberale Wesen der Oranjes ist deren Drogenpolitik. Dabei ist die bei näherem Hinsehen gar nicht so großzügig, wie es scheint. Was die wenigsten wissen: Auch in den Niederlanden sind alle Arten von Drogen illegal. Ein paar hundert Gramm Cannabis auf der Straße zu kaufen oder mit dem Haschischpfeifchen im Mund durch die Straßen zu spazieren, das ist auch in den Niederlanden verboten. Legendär sind dagegen die Coffeeshops, von denen es allein in Amsterdam über 200 gibt. Dort kann man Cannabis kaufen und auch rauchen, allerdings ist auch hier die Höchstmenge auf fünf Gramm pro Tag beschränkt. Werbung für ihre „drogenhaltigen" Produkte, dürfen die Shops keine machen. Vor fünf Jahren wurde das Gesetz nochmals verschärft. Seitdem bestimmen die Städte und Gemeinden selbst, ob auch Ausländer in den Coffeeshops bedient werden. In Amsterdam beispielsweise sind deutsche Kiffer nach wie vor willkommen. Andernorts – vor allem in Gemeinden entlang der niederländisch-belgischen Grenze – braucht man aber einen „Wietpas", einen Kifferausweis, bevor man im Coffeeshop Kunde werden darf. Und der wiederum wird nur an Niederländer ausgestellt. Doch auch für die Einheimischen ist eine solche Registrierung nicht ganz unproblematisch – denn, wie gesagt, Drogenkonsum ist auch in den Niederlanden strafbar. Und wer den „Wietpass" beantragt, liefert dem Staat die Information, welches Genussmittel er bevorzugt. Lustiges Detail am Rand: Zigaretten sind in Coffeeshops streng verboten.

Als Frauen „nach Holland" fuhren

„Die Älteren" werden sich noch erinnern, dass es in den 1970er- und 1980er-Jahren einen weiteren Grund gab, in die Niederlande zu fahren. Junge Frauen, die damals zu Hause erzählten, sie führen nach Holland, gaben indirekt zu verstehen, sie wollten im Nachbarland einen

Amsterdam ist die Mutter aller Coffeeshops in den Niederlanden

Das Feindbild als Kulisse: Geert Wilders im Gespräch vor Minaretten

Schwangerschaftsabbruch vornehmen lassen. Damals herrschte in Deutschland noch ein striktes Verbot. Auch in den Niederlanden wurden Abtreibungen erst 1984 erlaubt, doch schon in den 1970er-Jahren führten niederländische Ärzte Schwangerschaftsabbrüche durch. Sie agierten damals entlang einer legalen Grauzone, denn streng genommen brachen sie damals ebenfalls die Gesetze – der Staat hatte aber bereits aufgehört, den Tatbestand zu verfolgen. Interessant ist, dass damals mehr als die Hälfte der Hilfe suchenden Frauen aus Deutschland über die grüne Grenze kamen.

Ermäßigte Steuer für Stripper

Ein weiterer Punkt auf der Liste des niederländischen Laissez-faire ist der entspannte Umgang mit Prostitution. Ähnlich wie beim Thema Drogen reagierte der Gesetzgeber auch hier nicht mit Verboten und der Abdrängung in die Illegalität, sondern mit dem Versuch „Unerwünschtes" zu kanalisieren. Bis Ende der 1980er-Jahre war Prostitution nach einem bis dahin geltenden Gesetz von 1911 verboten. Allerdings nur theoretisch, denn in der Praxis wurde sie auch im Land der Grachten geduldet. Seit dem Jahr 2000 ist Prostitution ein ganz normaler Beruf, auf den sogar das niederländische Arbeitsschutzgesetz anwendbar ist. Die Damen vom Gewerbe haben seither das Recht, sich gewerkschaftlich zu organisieren, und sie bezahlen ganz regulär Steuern – Stripperinnen und Stripper allerdings nur den ermäßigten Steuersatz, schließlich stuft der niederländische Fiskus sie als Künstler ein.

Auch hier ist wieder derselbe Lösungsansatz zu erkennen, den unsere westlichen Nachbarn bei Problemen dieser Art immer wieder anwenden: keine Legalisierung, dafür aber Toleranz und Entkriminalisierung.

Starke Rechtspopulisten

Im Widerspruch zur liberalen niederländischen Grundeinstellung steht die Tatsache, dass dort schon seit fast zwanzig Jahren rechtspopulistische Parteien regelmäßig beachtliche Erfolge erzielen. Im Jahr 2002 gewann die ausländerfeindliche Lijst Pim Fortuyn bei ihrer ersten Wahlteilnahme aus dem Stand 17 Prozent der Wählerstimmen. Der Parteigründer, der mit Aussagen wie „Wählt mich, dann dürft ihr Pelzmäntel tragen", auch die Tierschützer gegen sich aufgebracht hatte, wurde damals kurz vor der Wahl von einem fanatischen Veganer erschossen. Unmittelbar in die Fußstapfen der Lijst Pim Fortuyn, die ohne ihren charismatischen Parteigründer, schnell an Bedeutung verlor, trat Geert Wilders mit seiner Partij voor de Vrijheid, der Partei für die Freiheit, die sich vor allem den Kampf gegen den Islam auf die Fahnen geschrieben hat, einen Einwanderungsstopp für Muslime und eine ethnische Registrierung von jedermann fordert. Außerdem lehnt die Partij voor de Vrijheid Windkraft ab – in einem Land wie den Niederlanden ist das zumindest eine ungewöhnliche Forderung –, tritt für Kernkraft ein und spricht sich gegen jede Art von Klimaschutz aus. Und in Gaststätten soll nach dem Willen von Wilders wieder geraucht werden dürfen.

Offenbar kommt Wilders zumindest mit einem Teil seiner Thesen gut an. Bei der Parlamentswahl 2006 erhielt seine damals neu gegründete Partei knapp sechs Prozent, vier Jahre später steigerte sie sich auf 15,5 Prozent, und 2012 gewann sie immerhin noch gut zehn Prozent der Wählerstimmen. Im Vorfeld der Parlamentswahlen 2017 deutete alles darauf hin, dass sie zur stärksten politischen Kraft im Lande würde. Letztendlich gewann sie aber nur 13 Prozent der Stimmen, avancierte damit aber auf den zweiten Platz im niederländischen Parteienspektrum. .

Unerklärbare Situation

Der (scheinbare) Widerspruch zwischen dem liberalen Wesen der Niederländer und dem großen Zuspruch, den rechtspopulistische Parteien erhalten, beschäftigt auch die Wissenschaft. Aber die Gelehrten bleiben bei ihren Erklärungen vage. Fest scheint nur zu stehen, dass auch eine tolerante Grundhaltung nicht vor Ausländerfeindlichkeit schützt. Das zeigt sich auch in Ländern wie Dänemark und Norwegen, in denen die Rechtspopulisten ebenfalls stark vertreten sind.

Amsterdams Oudezijds Voorburgwal ist die Hochburg des Rotlichtgewerbes

Maßstab 1:800.000
0
10 km
NEDERLAND
DEN HAAG
LEIDEN
ZOETERMEER
Delft
ROTTERDAM
Gouda
Alphen a.d. Rijn
Hilversum
UTRECHT
AMERSFOORT
APELDOORN
Deventer
Nieuwegein
Zeist
Ede
ARNHEM
NIJMEGEN
DORDRECHT
Oss
's-Hertogenbosch
BREDA
TILBURG
EINDHOVEN
Helmond
Venlo
Roermond
MÖNCHENGLADB.
Viersen
DEUTSCHLAND
Heinsberg
Sittard
Heerlen
AACHEN
MAASTRICHT
Vaals
Eschwlr.
ANTWERPEN
(ANVERS)
Mechelen
(Malines)
Leuven
(Louvain)
Hasselt
Genk
BELGIË
BELGIQUE
BRUXELLES
BRUSSEL
LIÈGE
(LUIK)
Seraing
Verviers
Monschau
Malmédy
Spa
Huy
(Hoei)
NAMUR
(NAMEN)
CHARLEROI
La Louvière
Wavre
Tienen
(Tirlemont)
St.-Truiden
(St.-Trond)
Tongeren
(Tongres)
Vlaanderen
Wallonie
Hautes Fagnes
1
2
3
4
5

Ungewöhnlich, die Niederlande im Süden

Auch abseits der Küste findet man Dünen, Flugsand und viele Wassersportmöglichkeiten, oft auch eine grüne, leicht hügelige Landschaft. Die Städte Den Bosch und Maastricht mit ihren historischen Ortskernen sind quirlig, charmant und weltoffen.

1 's-Hertogenbosch

Die heutige Hauptstadt der Provinz Nordbabant (153 000 Einw.) entstand auf einem Sandrücken inmitten sumpfiger Umgebung, war einst Festungsstadt (Stadtrecht 1185) und ist bis heute Handelszentrum und Industriestandort. In der Altstadt mit ihren Grachten und Giebelhäusern erkennt man noch die mittelalterliche Struktur. An die Festung erinnern Wehrbauten im Norden und im Süden der Altstadt.

SEHENSWERT

Der dreieckige **Markt,** einst Keimzelle der Stadt, ist von vielen historischen Gebäuden umgeben. Im **De Moriaan,** dem ältesten Backsteinhaus (13. Jh.), befindet sich heute der VVV. Gegenüber erhebt sich das **Stadhuis,** 1671 barock umgebaut; das Spielwerk im Giebel zeigt jede halbe Stunde ein Ritterturnier. Ein Bronzestandbild vor dem Rathaus erinnert an den Maler Hieronymus Bosch (1450–1516), den berühmtesten Sohn der Stadt. Um 1380 wurde mit dem Bau der gotischen **Sint-Janskathedraal** begonnen; fertig wurde sie 150 Jahre später. Die größte Kirche der Niederlande wurde ungewöhnlich reich ausgestattet, so mit mehr als 600 Figuren (Torenstraat 16; tgl. 9.00 bis 17.00 Uhr).
An der Westseite des Bahnhofs beginnt das moderne **Paleiskwartier,** eine interessante Mischung aus Wohnen, Arbeiten und Studieren.

MUSEEN

Reproduktionen aller seiner Bilder sind in der neoklassizistischen Sint-Jacobskerk im **Jheronimus Bosch Art Center** zu sehen (Jeroen Boschplein 2, www.jheronimusbosch-artcenter.nl; April–Okt. Di.–So. 11.00–17.30, sonst Di.–So. 12.00–17.00 Uhr). Das **Het Noordbrabants Museum** im ehem. Gouvernementshuis (18. Jh.) beleuchtet die Geschichte der Region von den Römern bis in die Gegenwart (Verwersstraat 41, www.hetnoordbrabantsmuseum.nl; Di.–So. 11.00–17.00 Uhr). Den Bosch gehört zu den wenigen Karnevalshochburgen des Landes; das **Nationaal Carnavalsmuseum** zeigt alles, was man zum närrischen Treiben in der Karibik, im Rheinland und in den Niederlanden wissen muss (Zusters van Orthenpoort 27, www.carnavalsmuseum.nl; Di.–So. 13.11 bis 17.11 Uhr).

An Bredas Hafen (oben). Sint-Janskathedraal in 's-Hertogenbosch (rechts oben), wo im Sommer die Boschparade stattfindet (rechts unten)

ERLEBEN

Als **Binnendieze** wird das jahrhundertealte Kanalsystem innerhalb der Stadt bezeichnet. Früher diente es der Wasserversorgung und als Abwasserkanal, heute ist es eine Touristenattraktion. In offenen Booten kann man die Wasserläufe erkunden – oberirdisch und unterirdisch (Tickets beim VVV).

RESTAURANTS

Die **Korte Putstraat** gefällt mit historischem Ambiente und ist mit einem weitgefächerten Angebot die kulinarische Stadtmeile schlechthin. Ähnlich vielseitig ist das Angebot im historischen Viertel **Uilenburg.**

EINKAUFEN

Boergondisch ist ein Delikatessenladen, der vor allem lokale Wurst- und Käsesorten aus Brabant anbietet (Vughterstraat 65; Di., Mi. und Fr. 10.00–18.00, Mo. 11.00–18.00, Do. 10.00 bis 21.00, Sa. 9.00–18.00, So. 12.00–17.00 Uhr).

UMGEBUNG

Sehenswert im Festungsstädtchen **Heusden** (15 km nordw.) sind die Stadtbefestigungen (16. und 17. Jh.). Im Nationalpark **Loonse en Drunense Duinen** (20 km südw.) liegt Europas größtes Flugsandgebiet.

INFORMATION

VVV 's-Hertogenbosch, Markt 77, NL-5211 JX 's-Hertogenbosch, Tel. 07 36 13 96 29, www.bezoekdenbosch.nl

2 Breda

Die auf das 12. Jh. zurückgehende Stadt sonnt sich in ihrer Bedeutung beim letztendlich erfolgreichen Aufstand der nördlichen Niederlande (16. Jh.) gegen Spanien. Die Befestigungen (ab 14. Jh.) spielten noch in den französischen Kriegen Ende des 18. und Anf. des 19. Jh. eine Rolle. Die Altstadt erfreut mit historischen Gebäuden, die an die Geschichte Bredas erinnern.

SEHENSWERT
Der **Grote Markt** bildet den Mittelpunkt der Altstadt, an der Westseite steht das **Oude Stadhuis** (überw. 18. Jh.), an der Nordseite die spätgotische **Onze Lieve Vrouwe Kerk** (15. und 16. Jh.) mit weithin sichtbarem Turm (bis 1509). Das **Kasteel van Breda,** ein Renaissanceschloss (um 1530), beherbergt heute die Königlich-Niederländische Militärakademie. Eine ruhige Oase inmitten der Stadt bildet der **Begijnhof** mit seinen beiden Kirchen, dem Kräutergarten und mehr als zwei Dutzend historischen Häusern (ab 16. Jh.). Das Wassertor **Spanjaardsgat** ist ein Rest der Stadtbefestigung aus spanischer Besatzungszeit (16. Jh.).

HOTEL UND RESTAURANT
Die Hotelvilla **€€ Het Scheepshuys** liegt im Grünen und doch zentral (Teteringsedijk 196, NL-4817 ML Breda, Tel. 07 65 81 69 10, www.hetscheepshuys.nl).
Im Restaurant **€€/€ De Colonie** trifft man sich bei kolonialem Flair nicht nur zum High Tea (Grote Markt 26, Tel. 07 65 21 40 82, http://breda.colonie.nl; ab 9.00 Uhr).

UMGEBUNG
Willemstad (40 km nordw.) ist eine ab 1583 sternförmig angelegte Festungsstadt mit sieben Bastionen und zwei Stadttoren.

INFORMATION
VVV Breda, Grote Markt 38,
NL-4811 AJ Breda, Tel. 090 05 22 24 44 (kostenpflichtig), www.vvvbreda.nl

3 Eindhoven

Die Industriestadt (227 000 Einw.) ist die größte Stadt im Süden der Niederlande. Seit der Gründung der Philips-Werke 1891 verzeichnete Eindhoven stetiges Bevölkerungswachstum. Als Industriestandort wurde die Stadt im Zweiten Weltkrieg mehrfach bombardiert und ihre historische Bausubstanz dabei großteils zerstört.

MUSEEN
Die Sammlung des Zigarrenfabrikanten Henri van Abbe bildete 1936 die Grundlage des **Van Abbemuseums** für moderne Kunst (Bilderdijklaan 10, www.vanabbemuseum.nl; Di.–So. 11.00 bis 17.00, erster Do. im Monat 11.00–21.00 Uhr). Im **Philips-Museum** werden Geschichte und Produkte des wichtigsten niederländischen Industrieunternehmens präsentiert (Emmasingel 31, www.philips-museum.com; Di.–So. 11.00–17.00 Uhr). Das **DAF-Museum** zeigt historische Fahrzeuge dieses in Eindhoven angesiedelten Herstellers (Tongelresestraat 27, www.dafmuseum.nl; Di.–So. 11.00–17.00 Uhr). Für das **Eindhovenmuseum** wurden eine eisenzeitliche und eine mittelalterliche Siedlung rekonstruiert (Boutenslaan 161 B, www.prehistorischdorp.nl; April–Okt. Di.–So. 11.00–17.00 Uhr, in den Schulferien auch Mo.).

INFORMATION
VVV Eindhoven, Stationsplein 17,
NL-5611 AC Eindhoven; Tel. 04 02 97 91 15,
www.thisiseindhoven.com

Tipp

Erlebnis für die ganze Familie

De Efteling ist der älteste und größte Freizeitpark der Niederlande. Auf dem weitläufigen Gelände südw. von Den Bosch gibt es so viele Attraktionen, dass man eigentlich mehr als einen ganzen Tag braucht. Eine kleine Auswahl: Holzachterbahn, Dive Coaster, Märchenwald, Wildwasserbahn, Schwebender Tempel, historische Karussells, Bobbahn und Spukschloss. Wer länger bleiben möchte, kann im schlossartigen Hotel oder im Bungalowpark übernachten.

INFORMATION
Freizeitpark Efteling, Europalaan 1, Kaatsheuvel, www.efteling.com; Kernzeit tgl. 11.00–18.00 Uhr, im Sommer länger

Maastrichts romanische Servatiusbasilika (links). Das Jekertoren gehörte zu Maastrichts mittelalterlicher Stadtummauerung (rechts)

4 Roermond

Schon zu römischer Zeit ein Siedlungsplatz, wirkt die ehem. Hansestadt (heute 58 000 Einw.) vor allem dank der hübschen alten Giebelhäuser wie typische limburgische Provinz. Bekannt ist sie über die Grenze hinaus als Einkaufsstadt. Durch Kiesabbau entstanden westlich der Stadt mehrere Seen, die Maasplassen. Jachthafen und Seen bieten gute Wassersportmöglichkeiten und machen Roermond zu einer zunehmend beliebten Ferienregion.

SEHENSWERT
Bemerkenswerte Bauwerke im Zentrum der alten Bischofsstadt (ab 1559) sind die romanisch-gotische **Munsterkerk** aus dem 13. Jh, (Munsterplein), die wiederaufgebaute **Kathedraal van Sint Christoffel** (Urspr. 15. Jh., Grote Kerkstraat) sowie der Marktplatz mit dem **Stadhuis** aus dem 17. Jh.

SHOPPING
In einem ehem. Kasernengelände befindet sich das **McArthur Designer Outlet Roermond** mit rund 150 Geschäften (Stadsweide 2, www.mcarthurglen.com; Mo.–Fr. 10.00–20.00, Sa. und So. 9.00–20.00 Uhr).

INFORMATION
VVV Roermond, Markt 17,
NL-6041 EL Roermond, Tel. 04 75 33 58 47,
www.vvvmiddenlimburg.nl

5 Maastricht

Die Universitätsstadt (122 000 Einw.) verströmt multikulturelles Flair und ist ein beliebter Ort für Tagungen, Konferenzen und Veranstaltungen: Touristen schätzen das große kulturelle Angebot, die Shoppingmöglichkeiten und die Erholungsgebiete in der Umgebung. 1992 wurde in der Stadt der Vertrag von Maastricht unterzeichnet, der als Geburtsstunde der Europäischen Union gilt. Seinen Ursprung hat Maastricht in einer römischen Siedlung. Der Maasübergang wurde im 14. Jh. stark befestigt und hatte bis ins 19. Jh. strategische Bedeutung.

SEHENSWERT
Drei Brücken überspannen die Maas, von allen genießt man einen Panoramablick auf das alte **Zentrum** der Stadt **TOPZIEL**. Über die Wilhelminabrug gelangt man zum **Marktplatz** mit dem **Stadhuis** (bis 1664). Von hier sind es nur wenige Hundert Meter zum grünen **Vrijthof,** zuerst Friedhof, dann Exerzierplatz und heute belebter Treffpunkt mit vielen Straßencafés. Aus den Kirchen der Stadt ragt die romanische **Sint-Servaasbasiliek** (um 1000) heraus, die als älteste Kirche der Niederlande gilt; ihre Schatzkammer zeigt eine sakrale Kunstsammlung (Keizer Karelplein 3, www.sintservaas.nl;

Mo.–Sa.10.00–17.00, So. 13.00–17.00 Uhr). Neben der Basilika steht die kleinere gotische **Sint-Janskerk** (14./15. Jh.) mit markantem Turm (Mo.–Sa. 11.00–16.00 Uhr). Reste der mittelalterlichen **Stadtbefestigung** sieht man weiter südl. am Fluss Jeker. Das **Helpoort** (Höllentor, Sint-Bernardusstraat; um 1230) ist das älteste Stadttor; daneben der **Jekerturm.** Seit Jahrhunderten wird südlich der Stadt Mergelgestein abgebaut, dadurch ist ein **Höhlensystem** von 200 km Länge entstanden, das – ebenso wie das **Fort Sint-Pieter** und die **Kasematten** (16.–19. Jh.) – bei Führungen erkundet werden kann (www.maastrichtunderground.com; Tickets online oder beim VVV).

MUSEUM

Das **Bonnefantenmuseum** in einem modernen Gebäude des italienischen Architekten Aldo Rossi beherbergt umfangreiche Sammlungen aus allen Epochen: archäologische Funde aus der Region Limburg, italienische Malerei, niederländische Malerei des 16. und 17. Jh. (u. a. Pieter Brueghel d. J. und Peter Paul Rubens), aber auch zeitgenössische Kunst (Avenue Céramique 25, www.bonnefanten.nl; Di.–So. 11.00–17.00 Uhr).

VERANSTALTUNG

Am letzten Aug.-Wochenende findet das Kulinarikfestival **Preuvenemint** unter freiem Himmel auf dem Vrijthof statt (https://preuvenemint.nl).

HOTEL UND RESTAURANT

Ein früheres Kloster aus dem 15. Jh. wurde zum **€€€ Kruisherenhotel Maastricht** umgestaltet; gespeist wird in der ehemaligen Klosterkirche (Kruisherengang 19, NL-6211 NW Maastricht, Tel. 04 33 29 20 20, www.oostwegelcollection.nl/kruisherenhotel-maastricht). Hans van Wolde, mit Michelinsternen dekoriert, bietet im **€€€ Restaurant Beluga** natürlich Außergewöhnliches, zum Lunch sogar zu erschwinglichem Preis (Centre Céramique, Plein 1992 12, Tel. 04 33 21 33 64; Lunch Mo.–Sa. 12.00–13.30, Dinner Mo.–Sa. 18.30–21.30 Uhr).

UMGEBUNG

In das nette Städtchen **Valkenburg aan de Geul** (15 km östl.) zieht es viele Besucher wegen der Grotten und Höhlen, dem Thermalpark Thermae 2000 (www.thermae.nl; tgl. 9.00 bis 23.00 Uhr) und dem Erlebnispark De Valkenier (www.pretpark-de-valkenier.nl; April–Okt. tgl. 10.00–17.00/18.00 Uhr; siehe auch S. 62). 10 km nordöstl. liegt bei Heerlen **Kasteel Hoensbroek,** größtes Schloss weit und breit mit fotogenen Wassergräben und Rundtürmen (www.kasteelhoensbroek.nl; tgl. 10.00 bis 17.30 Uhr). Am **Dreiländerpunkt** (30 km südöstl.) kann man ein Riesenlabyrinth aus Hainbuchenhecken erkunden (Viergrenzenweg 97, Vaals, www.drielandenpunt.nl; Ende April–Okt. tgl. 10.00–18.00 Uhr).

INFORMATION

VVV Maastricht, Kleine Staat 1,
NL-6211 ED Maastricht, Tel. 04 33 25 21 21,
www.visitmaastricht.com

Genießen Erleben Erfahren

DuMont Aktiv

Mit dem Mountainbike in die Unterwelt

Im Süden der Niederlande, im Untergrund der Provinz Limburg, erstreckt sich ein Stollensystem von mehr als 120 km Länge. Hier lässt sich Grottenbiken.

Das Abenteuer beginnt an einem kleinen, unscheinbaren Häuschen in Valkenburg. Hier ist der Eingang zur Unterwelt. Über eine enge Wendeltreppe geht es in die Tiefe, danach über in den Mergelstein gehauene Stufen weiter, bis 40 m unter Tage schließlich die Tour beginnt. Hier unten herrschen zwar das ganze Jahr über konstant 12 °C, doch die Luftfeuchtigkeit von nahe 100 % treibt einem bald den Schweiß auf die Stirn.

Helm auf, Licht an und rauf aufs Bike. In gefühlt rasanter Fahrt geht es durch die oft recht engen, nur spärlich beleuchteten Stollen. Schon nach wenigen Rechts-Links Schwenks hat man die Orientierung verloren und würde vermutlich auch nicht wieder alleine an die Oberfläche gelangen. Nur nicht den Anschluss an die Gruppe verlieren. Der Guide fährt immer vorne und am Anfang wird jemand bestimmt, der hinten fährt. Ruft der Guide dessen Namen, wird dieser bis nach hinten weitergegeben. Der letzte der Reihe antwortet „Complet“, was wieder nach vorne durchgegeben wird. Ein geniales System. Hat man sich an Dunkelheit und Enge gewöhnt, ist das Grottenbiken purer Spaß und viel zu schnell zu Ende. Dann geht es wieder ans Tageslicht – über 163 schweißtreibende Stufen.

Weitere Informationen

Informationen und Buchung bei ASP Adventure, Oud Valkenburg 2, Schin op Geul, Valkenburg, Tel. 04 36 04 06 75, www.aspadventure.nl. Die Mountainbike-Touren finden im Juli und Aug. tgl., im Juni und Sept. nur am Wochenende statt und dauern rund 1,5 Std.; dabei werden 10–12 km gefahren. Außerdem gibt es noch das Grottenbiken Spezial (2,5 Std.), eine Abenteuer-Tour zu Fuß (1,5 Std.) und eine Kulturtour zu Fuß (1,5 Std.).

DHG

Hafenplätze und viel, viel Strand

Südholland ist die am dichtesten besiedelte Provinz der Niederlande, hier liegen der Regierungssitz Den Haag, Europas größter Hafen Rotterdam, aber auch reizvolle Grachtenstädte wie Leiden, Delft und Gouda. Die Nachbarprovinz Seeland hält, was der Name verspricht – hier spielt das Meer die Hauptrolle in einer Welt aus Inseln und Halbinseln, langen Stränden und Dünen.

Die Erasmusbrücke, eines der Rotterdamer Wahrzeichen, ist seit 1996 eine der wichtigen Verbindungen zwischen dem Norden und dem Süden der Stadt

Das Rotterdamer Design-Hotel „citizenM" am Gelderse Plein zieht vor allem ein junges Publikum an

Die Zeiten, in denen Rotterdam abschätzig als „Hafen mit einer Stadt" bezeichnet wurde, sind lange vorbei. Zu raffiniert und unübersehbar sind die Neubauten.

Rotterdam ist „in". In den vergangenen Jahren konnte die Stadt, was die Besuchernächte angeht, regelmäßig Zuwachsraten von acht Prozent und mehr vermelden. Während früher allenfalls Gäste, die sich für moderne Architektur interessieren, den Weg nach Rotterdam fanden, ist die zweitgrößte Stadt der Niederlande inzwischen kein Geheimtipp mehr. So ist die 2014 von Königin Máxima eröffnete Markthalle mehr als ein überdachter Lebensmittelmarkt – sie ist auch eine Sehenswürdigkeit und ein Beispiel gelungener Großstadtarchitektur. In dem elfstöckigen hufeisenförmigen Gebäude kann man – europaweit einmalig – auch wohnen. Aus vielen Wohnungen schaut man auf die Marktstände hinab. Blickt man umgekehrt von den Marktständen nach oben, sieht man nicht nur die Fenster der Wohnungen, sondern blickt auch auf ein riesiges Wandgemälde, das eine Wiesenlandschaft aus Insektenperspektive zeigt.

Auch die Kubushäuser in Sichtweite der Markthalle lösen begeisterte Blicke aus. Sie wurden in den 1980er-Jahren nach Plänen von Piet Blom erbaut. Praktisch wohnt man in den kleinen Häusern sicher nicht, die aussehen, als habe eine Riese fallende Würfel mitten im Flug aufgehalten und sie auf Ecke gestellt. Spektakulär sehen sie aber allemal aus und sind inzwischen auch eines der Wahrzeichen Rotterdams. Mit der Van-Nelle-Fabrik steht ein ganz besonderes Objekt moderner Industriearchitektur in der Stadt – der 1920 erbaute Firmensitz eines Tee-, Kaffee- und vor allem Tabakimporteurs ist seit 2014 Welterbestätte der UNESCO.

Moderne Architektur strebt in die Höhe, auch in Rotterdam – die Wolkenkratzersilhouette der Stadt sucht in den Niederlanden ihresgleichen. Der 140 Meter hohe Montevideo Tower ist das zweithöchste Wohnhaus des Landes, zählt man das 12,5 Meter hohe M auf dem Dach des Gebäudes mit dazu, ist der Hochhausturm sogar das höchste Gebäude der Niederlande. Das Jugendstilgebäude davor – heute beherbergt es das Luxushotel „New York" – war einst das Hauptgebäude der Holland-Amerika-Linie und ist damit ein wichtiger Bestandteil der Stadtgeschichte. War es doch der Hafen von Rotterdam, von dem aus sich eineinhalb Millionen Auswanderer aus ganz Europa auf den Weg in Richtung Amerika machten.

Deutsche Bomben auf Rotterdam

Das moderne Gesicht der Stadt hat einen traurigen Grund. Am 14. Mai 1940 zerstörten Bomben nahezu die gesamte

Die 1984 entworfenen 40 Kubushäuser mitten in Rotterdams Zentrum wurden um 45 Grad geneigt und sollen einen Wald darstellen (ganz links). Die 2014 eröffnete Markthalle ist Marktplatz und Wohnort zugleich (links)

Der Barbier „Schorem" am Nieuwe Binnenweg sieht sich als ein Laden alter Schule

Das „Weiße Haus" gilt als erster Wolkenkratzer Europas; bis 1898 errichtet, hat es die Bombardierung von Rotterdam 1940 überstanden

Von der Haager Paleispromenade ist es nur ein Katzensprung zum Binnenhof

Vom Buitenhof gelangt man in die Neorenaissance-Passage, die, 1885 eröffnet, dem Haager Publikum endlich angemessene Einkaufsmöglichkeiten bot

Das riesige Rundgemälde „Panorama Mesdag" schuf der holländische Maler Hendrik Willem Mesdag zusammen mit seiner Frau und dem Malerkollegen Georg Hendrik Breitner: Zeitreise in den Strandort Scheveningen des Jahres 1880

Innenstadt, allein das Rathaus und die St.-Laurentius-Kirche überstanden den schrecklichen Angriff der deutschen Luftwaffe. Mehr als 800 Menschen starben, 80 000 wurden obdachlos. Bereits wenige Tage nach der Bombardierung legte man einen fertigen Plan für den Wiederaufbau auf den Tisch. Damit bestätigte Rotterdam wieder einmal seinen Ruf, nachdem man in der Stadt nicht lange herumredet, sondern die Ärmel hochkrempelt und anpackt. Selbst sieht man sich in der Konkurrenz zu den „Neureichen" von Amsterdam. Eine Rivalität, die spätestens dann aufbricht, wenn die beiden großen Fußballclubs Feyenoord aus Rotterdam und Ajax aus Amsterdam gegeneinander antreten. Zwischen Hooligangruppen der beiden Teams kommt es dann auch oft zu gewaltsamen Auseinandersetzungen. Für die normalen Rotterdamer und Amsterdamer beschränkt sich die Rivalität aber auf Spotten und Lästern. Um keinesfalls den Namen der Hauptstadt in den Mund nehmen zu müssen, spricht man in Rotterdam deswegen gern von den „020-ern", wenn Menschen aus Amsterdam gemeint sind – 020 ist die Amsterdamer Telefonvorwahl.

Das größte Dorf Europas

Auch die Nachbarstadt Den Haag hat mit Rotterdam eigentlich nicht viel gemein – hier die hemdsärmeligen Arbeiter, da die in den Niederlanden als hochnäsig verschrieenen Einwohner der Residenzstadt. Doch vermutlich, weil die Städte immer mehr aufeinander zuwachsen, die Vorstädte der beiden mittlerweile sogar aneinanderstoßen, man einen Flughafen teilt und mit der Metro von einer Stadt in die andere fahren kann, hält sich die Rivalität in Grenzen. Zudem verspotten sich die Einwohner von Den Haag lieber gegenseitig. „Bist du Haagenaarer oder Haageneese?", lautet dort die Frage. Der Unterschied? Früher siedelten die Reichen – die Haagenaarer – auf den Dünen, denn dort waren sie vor Überschwemmungen sicher. Den armen

Hinter Leidens De Rijn ragt die bis 1836 errichtete neoklassizistische Hartebrugkerk auf (rechts). Schaufenster in Delft: In der für ihre Keramik bekannten Stadt wird auch vor dem Motiv „Mädchen mit dem Perlenohrring" nicht zurückgeschreckt (unten)

Middelburgs nach schweren Kriegszerstörungen wieder aufgebautes Stadhuis gehört zu den schönsten in den Niederlanden

Gouda lebt von dem im ganzen Umland hergestellten, aber auf dem hiesigen Marktplatz verkauften Käse

Auf Goudas Käsemarkt wird nicht nur der bekannte Gouda angeboten

Grachten sind keine Spezialität allein Amsterdams – wie ein Besuch in Delft oder Leiden zeigt.

Haageneesen blieben die gefährdeten Gebiete im Tiefland. Da die Dünen nicht kerzengerade durchs Land ziehen, waren auch die Viertel zwischen Arm und Reich nie klar getrennt – und heute kann man die Grenze ohnehin nicht mehr erkennen. Wer Haagenaarer oder Haageneese ist, weiß trotzdem jeder Einwohner der niederländischen Residenzstadt. Egal, welcher Herkunft er ist, ein Bürger Den Haags lebt streng genommen auf dem Dorf – dem mit fast 530 000 Einwohnern größten Dorf der Welt.

Den Haag wurden die Stadtrechte nämlich nur für eine Nacht verliehen. 1811 war König Lodewijk Napoleon, der Bruder von Napoleon Bonaparte, den dieser auch auf den holländischen Thron gehievt hatte, in Den Haag zu Gast. Und weil ein König in keinem Dorf übernachtet, ernannte er Den Haag für etwas mehr als zwölf Stunden zur „Stadt auf Zeit". Egal, heute wird trotzdem niemand Den Haag als Dorf bezeichnen. Im Gegenteil. Den Haag ist eine Stadt von internationalem Rang. Hier haben mehrere Institutionen der UNO ihren Sitz, allen voran der Internationale Gerichtshof. Und natürlich tagt hier auch das holländische Parlament, dessen erste und zweite Kammer. Den Haag ist Regierungssitz der Niederlande und Residenzstadt des Königshauses.

Da ist es kein Wunder, dass die Stadt einiges an Sehenswertem zu bieten hat. Wohl niemand verzichtet auf den Besuch des Binnenhofs, eines Hofs, um den sich einige wichtige Gebäude aus der Geschichte der Niederlande scharen. Zentraler Punkt ist das gotische Schloss mit dem Rittersaal. In dem Museum Mauritzhuis hängen Bilder von Rembrandt – auch sein berühmtes Selbstportrait von 1669 –, Rubens, Frans Hals, Anton van Dyck und Hans Holbein. Spätestens seit dem gleichnamigen Film ist aber „Das Mädchen mit dem Perlenohrring" von Jan Vermeer das bekannteste Bild an Den Haager Wänden. Dem Maler und Grafiker Maurits Cornelis Escher ist in Het Palais ein eigenes Museum gewidmet. Het Palais ist übrigens der Palast, in dem König Lodewijk Napoleon 1811 bei seinem Den Haag Besuch übernachtet hat. Mit der Straßenbahn fährt man vom Zentrum hinaus zum Strand von Scheveningen mit seiner noblen Strandpromenade und der fast 400 Meter langen Seebrücke.

Sturmflutabwehr mit Seehundshow

Ums Strandleben dreht sich vieles in der von der Scheldemündung geprägten Provinz Seeland. Die Namen der hiesigen Städtchen kennt jeder Niederländer. In Veere, Breskens oder Cadzand verbringen Holländer und Belgier gerne ihren Sommerurlaub. Middelburg, die Hauptstadt der Provinz, wurde wie Rotterdam bei einem Angriff der deutschen Luftwaffe im Mai 1940 fast völlig zerstört. Was während der Kriegsjahre wieder aufgebaut wurde, fiel dann einem alliierten Bombenangriff im Herbst 1944 erneut zum Opfer. In Middelburg hat man sich, im Gegensatz zu Rotterdam, nach dem Krieg dafür entschieden, die Altstadt nahezu originalgetreu wieder aufzubauen. Der Lange Jan, der knapp 90 Meter hohe Turm der Liebfrauenabtei dominiert heute das Stadtbild.

Ein großer Staudamm gleich in der Nähe ist eine der größten Sehenswürdigkeiten der Region, viele Holländer bezeichnen den neun Kilometer langen Oosterscheldedam stolz als das achte Weltwunder. Das Wasser ist Freund und Feind der Niederlande gleichermaßen. Es gibt Leben und nimmt es auch wieder. Bei der großen Flutkatastrophe 1953 kamen in den Niederlanden 1836 Menschen ums Leben, 72000 mussten evakuiert werden. Die Konsequenz war in den folgenden Jahren und Jahrzehnten ein beispielloses Hochwasserschutzprogramm – es war unumgänglich, denn große Teile des Landes liegen bekanntlicher unter dem Wassersspiegel. Die Ausstellung der „Deltapark Neeltje Jans“ am Fuße des Damms erzählt von

Küstenschutz hat überall in den Niederlanden Vorrang.

dessen spektakulärer Baugeschichte und informiert über die Sturmflutabwehr. Früher haben sich vermutlich die Kinder bei einem Ausflug zum Oosterscheldedam gelangweilt. Heute ist das anders, denn dort ist ein riesiger Familienfreizeitpark entstanden – mit Aquarium, Seehundshows und einem Wasserpark. Und in dieser Form ist Wasser dann keine Gefahr mehr, sondern einfach nur ein Riesenspaß.

Noordwijk aan Zee mit 13 Kilometern Sandstrand (oben). An Scheveningens Promenade liegt das Jugendstil-Kurhaus (Mitte). Muschelsammler in Domburg (unten)

Küstenszenerie in Zeeland

KÖNIGSHAUS ZUM FEIERN

Eine Majestät zum Anfassen

Ende Januar 2013 gab Königin Beatrix der Niederlande ihre Abdankung bekannt. Am 30. April war es dann soweit, ihr ältester Sohn Willem-Alexander wurde König der Niederlande. Die offizielle Zeremonie war, wie erwartet, prunkvoll und ein Medienereignis ersten Ranges.

Obwohl der König noch kurz vor der Krönung verkündet hatte, dass er nicht viel auf das Protokoll gebe, ließ er es sich doch nicht nehmen, den Amtseid im traditionellen Königsmantel aus Hermelin abzulegen. Rund 2000 Gäste lud er zu seiner Amtseinführung in die Nieuwe Kerk von Amsterdam ein, darunter die wichtigsten Vertreter des Hochadels aus aller Welt.

Lange musste Willem-Alexander, dem seine Landsleute wegen seiner Vorliebe für das Nachtleben schon früh den Titel „Prins Pilsje" verliehen hatten, auf diesen Tag warten, denn seine Mutter ließ sich viel Zeit mit ihrer Abdankung. Dem Zeitgeist folgend, wollte er ein moderner König sein, deshalb seinen Namen behalten und nicht Willem IV. genannt werden. Auch seine Frau sollte schlicht und einfach Máxima bleiben. Seiner Frau hat er auch zu einem nicht unerheblichen Teil seine Beliebtheit beim Volk zu verdanken, das ihm den Wandel vom Feierweltmeister zum seriösen Thronfolger abnimmt, denn Negativschlagzeilen produziert Willem-Alexander schon lange nicht mehr.

Großmutter der Nation

Mit seiner volksnahen Einstellung tritt Willem-Alexander eher in die Fußstapfen seiner Großmutter als in die seiner Mutter. Juliana, gern als „Großmutter der Nation" bezeichnet und erst 2004 94-jährig gestorben, hat sich immer gegen die protokollarischen Auflagen gesperrt. Legendär ist, dass sie gern neben dem zu ihren Ehren ausgerollten roten Teppich ging. Statt mit „Majestät" ließ sie sich mit „Mevrouw" anreden. Unvergesslich sind die Bilder, auf denen sie in Gummistiefeln unter den Sturmflutopfern von 1953 zu sehen ist.

Nach der Krönung von Beatrix 1980 suchte die Krone zurück zu distanziertem und formellem Auftreten zu finden. Fachkenntnis und Kontrolliertheit waren der Königin wichtiger, als „Landesmutter" zu sein. Insofern ähnelte sie in gewisser Weise der britischen Amtsinhaberin, wenn auch auf sehr holländische Weise. Und es gibt noch weitere Parallelen – im familiär-privaten Bereich. Unvergessen sind beispielsweise die Diskussionen darüber, dass der Thronfolger die Tochter eines hochrangigen Funktionärs des argentinischen Diktators

Das niederländische Königshaus schätzte es einst auch eher repräsentativ: im Palais Het Loo

Der Königspalast in Amsterdam (oben). König Willem-Alexander, Königin Máxima und die Prinzessinnen Amalia, Alexia und Ariane (unten)

Informationen

Die Niederlande sind eine junge Monarchie, Wilhelm I. begründete 1815 das Vereinigte Königreich der Niederlande, nachdem er bereits nach dem Ende der napoleonischen Herrschaft zwei Jahre lang die Regierungsgeschäfte geführt hatte. Heute genießt der König Immunität, besitzt aber innerhalb der parlamentarischen Monarchie nur begrenzte Macht. Willem-Alexander darf über drei Paläste verfügen: Paleis Noordeinde, Huis ten Bosch und den Königspalast in Amsterdam am Damplatz. Letzterer dient hauptsächlich dem Empfang von Staatsoberhäuptern.

Jorge Vileda heiraten wollte. Die Volksseele wurde damit besänftigt, dass Máximas Eltern nicht zur Hochzeit eingeladen wurden.

Vom Koninginne- zum Koningsdag

Seit 1890 feiern die Holländer den Königinnentag, nachdem nun Willem-Alexander auf dem Thron sitzt, ist es der Königstag. 1980 folgte Beatrix ihrer Mutter Juliana auf den Thron, behielt aber den 30. April als Koninginnedag als Anerkennung ihrer Mutter Wilhelmina bei – ein Grund war aber wohl auch, dass es an ihrem eigenen Geburtstag am 31. Januar für eine große Feier im Freien viel zu kalt ist. Da am 27. April, dem Geburtstag des neuen Königs, die Chancen auf frühlingshafte Temperaturen wesentlich größer sind, bestimmte er dieses Datum zum Koningsdag.

Egal, an welchem Datum und ob König oder Königin gefeiert werden, es ist das größte nationale Fest in den Niederlanden. Dieses darf traditionsgemäß jedoch nicht an einem Sonntag stattfinden – ideal liegt der Festtag natürlich 2019, dann fällt der 27. April auf einen Samstag.

Ein Land in Orange

Am Königstag färbt sich das ganze Land orange. In Amsterdam wird das größte Oranje-Straßenfest gefeiert, die Grachten sind voller Boote mit tanzenden und singenden Menschen. Doch auch im Rest des Landes gibt es viel Musik, Kinder singen Lieder zu Ehren des Königs und führen traditionelle Tänze auf. Schon Königin Beatrix hat sich an diesem Tag mit ihrer Familie unters Volk gemischt und sich unterhalten lassen, Willem-Alexander setzt diese Tradition als volksnaher Monarch fort und reist jedes Jahr in eine andere Gemeinde oder Stadt, damit sich niemand benachteiligt fühlt.

Zum Koningsdag gehört auch, dass man mit einem Gläschen Oranjebitter, einem Kräuterschnaps aus Wacholderbeeren, Lakritz und Orangenschalen anstößt – wem das zu bitter ist, der genießt ihn als Mixgetränk.

Maßstab 1:800.000
0
10km
Newcastle-upon-Tyne
Kingston upon Hull
Harwich
Noorderhaaks
Den Helder
Julianadorp
Callantsoog
Schagerbrug
Sint Maartensbrug
Anna Paulowna
Wieringermeer
Wieringerwerf
Kreileroord
Middenmeer
Schagen
Medemblik
Andijk
IJsselmeer
Workum
Hindeloopen
Stavoren
Oudemirdum
Camperduin
Harenkarspel
Schoorl
Bergen
Bergen aan Zee
Langedijk
West-Friesland
Wervershoof
Hoogkarspel
Enkhuizen
Wognum
Spanbroek
Hoorn
Stede Broec
Venhuizen
Alkmaar
Heerhugowaard
Egmond aan Zee
Heiloo
Koggenland
Schellinkhout
Markermeer
Castricum
Beemster Polder
Akersloot
De Rijp
Middenbeemster
Purmerend
Oosthuizen
Uitgeest
Heemskerk
Beverwijk
Velsen
Wormer
Edam
Volendam
Marken
Monnickendam
Lelystad
IJmuiden
Santpoort
Bloemendaal
ZAANSTAD
Zaandam
Landsmeer
AMSTERDAM
HAARLEM
Zandvoort
Heemstede
Linnaeushof
Hoofddorp
Amstelveen
Diemen
Almere
Muiderslot
Naarden
Ouder-Amstel
Weesp
Bussum
Huizen
Hillegom
Keukenhof
Nieuw-Vennep
Aalsmeer
Laren
Noordwijkerhout
Noordwijk
Sassenheim
Lisse
Uithoorn
Hilversum
Katwijk
Oegstgeest
Mijdrecht
Baarn
Leiderdorp
Breukelen
Stichtse Vecht
Maarssen
Soest
De Bilt
Wassenaar
Voorschoten
LEIDEN
Alphen a.d. Rijn
Nieuwkoop
Sea Life Centre
Scheveningen
Avifauna
Bodegraven
Woerden
Vleuten
UTRECHT
AMERSFOORT
DEN HAAG
'S-GRAVENHAGE
Voorburg
ZOETERMEER
Boskoop
Bunnik
Zeist
Driebergen-R.
Rijswijk
Waddinxveen
Gouda
Nieuwegein
Monster
's-Gravenzande
Pijnacker
Oudewater
Montfoort
IJsselstein
Houten
Doorn
Naaldwijk
Delft
Berkel en Rodenrijs
Bleiswijk
Vianen
Wijk b. D.
Hoek van Holland
Europoort
ROTTERDAM
Nieuwerkerk a/d IJ.
Capelle a/d IJ.
Schoonhoven
Culemborg
Maassluis
Vlaardingen
Schiedam
Krimpen a/d IJ.
Lekkerkerk
Buren
Oostvoorne
Brielle
Rockanje
Ridderkerk
Kinderdijk
Leerdam
Geldermalsen
Tiel
Haringvlietdam
Hellevoetsluis
Spijkenisse
Barendrecht
Alblasserdam
Gorinchem
Neerijnen
Goeree
Stellendam
Ouddorp
Oud-Beijerland
DORDRECHT
Sliedrecht
Werkendam
Zaltbommel
Loevestein
Brouwersdam
Middelharnis
Haringvliet
's-Gravendeel
Dirksland
Overflakkee
Grevelingen
Zuid-Beijerland
Aalburg
Renesse
Haamstede
Brouwershaven
Schouwen
Nieuwe-Tonge
Oude-Tonge
Numansdorp
Strijen
Biesbos
Dussen
's-Hertogenbosch
Rosmalen
Zierikzee
Philipsdam
Krammer
Ooltgensplaat
Dinteloord
Willemstad
Klundert
Hollands Diep
Geertruidenberg
Made
Waalwijk
Vlijmen
Drunen
Waterland Neeltje Jans
Oosterscheldedam
Duiveland
Zeelandbrug
Sint Philipsland
Fijnaart
Zevenbergen
Oosterhout
Dongen
De Efteling
Loon op Zand
Vught
Boxtel
Sint-Michielsgestel
Domburg
Oostkapelle
Veere
Noord-Beveland
Wissenkerke
Kortgene
Stavenisse
Sint Maartensdijk
Oud-Gastel
Nieuw-Vossemeer
Steenbergen
Prinsenbeek
Etten-Leur
Rijen
Berkel-Enschot
Oisterwijk
Westkapelle
Middelburg
Wolphaartsdijk
Wemeldinge
Tholen
Roosendaal
BREDA
Gilze
TILBURG
Goirle
Oirschot
Koudekerke
Oost-Souburg
Vlissingen
Goes
Yerseke
Bergen op Zoom
Rucphen
Rijsbergen
Zundert
Hilvarenbeek
Borssele
Ovezande
Essen
Hoogerheide
Achtmaal
Baarle-Nassau
EINDHOVEN
Veldhoven
Breskens
Westerschelde
Westerscheldetunnel
Terneuzen
Wuustwezel
Kalmthout
Hoogstraten
Beginhof
Turnhout
Bladel-Netersel
Knokke-Heist
Cadzand
Schoondijke
Sluis
Oostburg
Zaamslag
Hulst
Axel
Kapellen
Brecht
Beerse
Arendonk
Bergeyk
Aardenburg
Sas van Gent
(ANVERS)
ANTWERPEN
Brasschaat
Schoten
Zoersel
Lommel
BRUGGE
(BRUGES)
Maldegem
BELGIE
BELGIQUE
Eeklo
Zelzate
Stekene
Zwijndrecht
Beveren
Wommelgem
Herentals
Geel
Mol
Balen
Overpelt
St.-Niklaas
(St.-Nicolas)
Lokeren
Hamme
Temse
Lier (Lierre)
Nijlen
Westerlo
Leopoldsburg
GENT
(GAND)
Evergem
Zele
Vlaanderen
Boom
Duffel
St.-Katelijne-Waver
Heist-op-den-Berg
Herselt
Tessenderlo
Beringen
Koersel
Aalter
Wingene

Großstädte und Strände

Südholland ist das am dichtesten besiedelte Gebiet der Niederlande. Die großen Städte Den Haag und Rotterdam verlocken mit Museen mit Weltgeltung, Restaurants und Stadtkultur. Gleichzeitig liegt die Provinz aber auch am Meer – und bietet Seebäder, Strände und Ferienorte. Letzteres gilt auch für das kleine Seeland.

1 Leiden

Rembrandts Geburtsstadt (124 000 Einw.; Stadtrecht 1266) ist eine Stadt für Museumsfreunde – nirgends in den Niederlanden gibt es so viele Ausstellungen wie hier. Die Universität wurde 1575 zu Zeiten des Widerstands gegen die Spanier gegründet und ist damit die älteste der Niederlande.

SEHENSWERT

In der reizvollen, von Grachten durchzogenen **Altstadt** TOPZIEL lohnen vor allem die Rapenburggracht und die großen Kirchen einen Besuch. In der **Pieterskerk** deren älteste Teile auf das 12. Jh. zurückgehen, sind vor allem die Grabkapellen verdienter Professoren sehenswert (Kloksteeg 16; Mo.–So. 11.00–18.00 Uhr). Wegen seines hohen Turms kann man das Rathaus aus dem 17.Jh. leicht mit einer Kirche verwechseln; das Innere des **Stadthuis** stammt allerdings aus neuerer Zeit – in einer eisigen Januarnacht 1929 fiel das Rathaus einem Brand zum Opfer. Der **Botanische Garten** vom Ende des 16. Jh.ist damit ältester nördlich der Alpen (Rapenburg 73, www.hortus leiden.nl; April–Okt. tgl. 10.00–18.00, sonst Di. bis So. 10.00–16.00 Uhr). Einen guten Blick über die Stadt hat man von der **Festungsanlage De Burcht** (Burgsteeg 14).

MUSEEN

Das **Naturalis-Naturkundemuseum** liegt etwas außerhalb des Zentrums und ist größtes seiner Art in den Niederlanden (Pesthuislaan 7, www.naturalis.nl; zzt. wegen Renovierung geschl.). Von den vielen anderen Museen lohnen das **Völkerkundemuseum** (Museum Volkenkunde, Steenstaat 1, https://volkenkunde.nl; Di.–So. 10.00–17.00 Uhr), das **Altertumsmuseum** (Rijksmuseum van Oudheden, Rapenburg 28, www.rmo.nl; Di.–So. 10.00–17.00 Uhr) und **De Lakenhal** in der einstigen Tuchhalle mit ihrer Gemäldesammlung (Oude Singel 28, www.lakenhal.nl; bis 2019 wegen Renovierung geschl.). Das **Museum der Weberei** (Het Leids Wevershuis, Middelstegracht 143, www.wevershuis.nl) erinnert an einen bedeutenden Teil der Industriegeschichte der Stadt; Leidener Stoffe waren für ihre Qualität bekannt.

RESTAURANTS

Das **€€ Kitch&** ist ein modern eingerichtetes Lokal mit exquisiter internationaler Küche und erstaunlich günstig (Rembrandtstraat 2, Tel. 07 15 13 77 67, www.kitchen-leiden.nl). Im gemütlichen **€ Café de Bonte Koe** treffen sich seit 120 Jahren Studenten auf ein Bier (Hooglandsekerkkoorsteeg 13, Tel. 07 15 14 10 94, www.cafedebontekoe.net).

UMGEBUNG

Weltbekannt sind der **Blumenpark Keukenhof** TOPZIEL in Lisse (20 km nördl.), in dem jedes Jahr sieben Millionen Tulpen, Narzissen und Hyazinthen blühen (www.keukenhof.nl; tgl. Ende März–Mitte Mai 8.00–18.00 Uhr).
Bei Feriengästen beliebt sind die Städtchen **Noordwijk** (11 km nordw.) und **Katwijk** (10 km nordw.) mit herrlichen Dünenstränden.

INFORMATION

VVV Leiden, Stationsweg 26, NL-2312 AV Leiden, Tel. 07 15 16 60 00, www.visitleiden.nl

2 Den Haag

Mit 528 000 Einw. ist die drittgrößte Stadt des Landes Sitz der Regierung; schon 1593 hatten die Generalstaaten hier ihr Zentrum. Aus einer Burg (um 1250) der Grafen von Holland wurde die heutige Residenz des Königshauses. Zudem sind viele internationale Organisationen in Den Haag beheimatet, u. a. der Internationale Gerichtshof und der Internationale Strafgerichtshof. Auch die niederländische Kunstszene hat hier ihre Hochburg.

SEHENSWERT

Der **Binnenhof** mit dem Sitz des niederländischen Parlaments (teilw. ab 17. Jh.) und dem Rittersaal (Urspr. 13. Jh.) steht bei Besuchern ganz oben auf der Liste (Besichtigung des Rittersaals und des Parlaments nur im Rahmen von Führungen, Buchung auf www.prodemos.nl). Ganz in der Nähe liegen das alte Renaissance-**Rathaus** aus dem 16. Jh. und die gotische **Sint-Jakobskerk** (14. Jh.) mit ihrem 100 m hohen sechseckigen Turm (15. Jh.). Etwas außerhalb, kann der Friedenspalast, Sitz des Internationalen Gerichtshofes, nur an einigen Wochenenden im Jahr und nur im Rahmen von Führungen besichtigt werden (Vredespalais, Carnegieplein 2, www.vredespaleis.nl; Besucherzentrum April–Nov. Di.–So 10.00–17.00, sonst Di.–So. 11.00–16.00 Uhr).

Das niederländische Parlament in Den Haag (links). Am Museumshafen von Leiden (Rechts oben). Reiterfreuden in Katwijk (rechts unten).

MUSEEN
Berühmtestes Gemälde im **Mauritshuis TOPZIEL** ist Vermeers „Mädchen mit dem Perlenohrring"; präsentiert werden weitere berühmte Namen wie Rembrandt, Rubens, van Dyck und Frans Hals (Plein 29, www.mauritshuis.nl; Mo. 13.00–18.00, Di.–So. 10.00–18.00, Do. 10.00 bis 20.00 Uhr). Im **Escher Palais,** dem ehem. Winterpalast (18. Jh.) von Königsmutter Emma widmet man sich den wegen ihrer ungewöhnlichen Perspektiven faszinierenden Bildern von M. C. Escher (1898–1972; Lange Voorhout 74, www.escherinhetpaleis.nl; Di.–So. 11.00 bis 17.00 Uhr). Das **Panorama Mesdag**, ein riesiges Rundgemälde, erlaubt eine Zeitreise zurück ins Scheveningen von 1880 (Zeestraat 65, www.panorama-mesdag.nl; Mo.–Sa. 10.00–17.00, So. 11.00–17.00 Uhr). Das **Gemeentemuseum** zeigt neben Ausstellungen zur Stadtgeschichte auch moderne Kunst (Stadhouderslaan 41, www.gemeentemuseum.nl; Di.–So. 11.00–17.00 Uhr).

VERANSTALTUNGEN
Am **Prinzentag** fährt das königliche Paar in goldener Kutsche vom Noordeinde-Palast bis zum Rittersaal im Binnenhof (3. Di. im Sept.). Spektakulär ist das **Feuerwerkfestival** in Scheveningen am zweiten und dritten Aug.-Wochenende.

HOTEL UND RESTAURANT
Erstes Haus am Platz ist das noble **€€€ Hotel des Indes** (Lange Voorhout 54, NL-2514 EG Den Haag, Tel. 07 03 61 23 45, www.desindesthehague.com), in dem einst Mata Hari ihrer „Spionagetätigkeit" nachging. Im Botschaftsviertel bietet das **€€€ Carlton Ambassador** ebenfalls Spitzenhotellerie (Sophialaan 2, NL-2514 JP Den Haag, Tel. 07 03 63 03 63, www.carlton.nl/ambassador).
Gemütlich geht es im **€ Lola Bike & Coffee** zu, einer Kombination aus Fahrradladen und Kaffeehaus – typisch holländisch eben (Noordeinde 91, www.lolabikesandcoffee.nl).

Tipp

Den Haag von oben

Eine exklusive Küche und Den Haags beste Aussicht sind die Markenzeichen von „The Penthouse" im 42. Stockwerk des 132 m hohen Haagse Toren – dem Turm von Den Haag. In der „Sky Bar" auf dem gleichen Stockwerk kredenzt man leckere Cocktails. Rund um Bar und Restaurant führt ein „Aussichtsweg", von dem man Fotos ohne Glasscheibe „dazwischen" machen kann.

INFORMATION
The Penthouse, Rijswijkseplein 786, Tel. 07 03 05 10 00, www.thepenthouse.nl; tgl. 12.00–22.00 Uhr.
Sky Bar tgl. 12.00–23.00 Uhr

Rotterdams Hauptbahnhof (oben). Zierikzees Zuidhavenpoort stammt noch aus dem 15. Jh. (rechts)

UMGEBUNG
Den Badeort **Scheveningen** mit seiner bekannten Pier erreicht man von Den Haag mit der Straßenbahn. In **Delft** (16 km südöstl.) versammeln sich rund um den Grote Markt mit der Nieuwe Kerk (14. Jh.), dem Rathaus (Renaissance, 13. und 17. Jh.) und der Stadtwaage (um 1770) die größten Sehenswürdigkeiten. Die beste Stimmung findet man im Sommer in den Restaurants rund um den Beestenmarkt.

INFORMATION
The Hague Marketing Bureau, Grote Marktstraat 43C, 2511 BH Den Haag, Tel. 07 03 61 88 88, www.denhaag.com

3 Rotterdam

Vor ein paar Jahren noch galt die Hafenmetropole (635 000 Einw.) als das hässliche Entlein der Niederlande. Heute ist die Industriestadt als eine der modernsten Europas Reiseziel von Kunst-, Architektur- und Partyinteressierten. Bereits im 14. Jh. und vor allem im 16./17. Jh. kam die Stadt (Stadtrecht 1340) zu Wohlstand. Doch erst die Selbstständigkeit Belgiens 1830 führte zur Entwicklung eines Hafenplatzes von Weltrang.

SEHENSWERT
Seit Kurzem ist die um 1920 erbaute **Van-Nelle-Fabrik** (Van Nelleweg 1) als Symbol der Moderne und des Funktionalismus UNESCO-Welterbestätte; heute dient der frühere Firmensitz eines Tee-, Kaffee- und Tabakimporteurs als Bürohaus. Architektonische Highlights sind zudem die 2014 eröffnete, hufeisenförmige **Markthalle** (D. J. Scharpstraat, www.markthal.nl; Mo.–Sa. 10.00–20.00, So.12.00–18.00, Fr. bis 21.00 Uhr) und die **Kubushäuser,** die an auf Ecke gestellte Würfel erinnern (Overblaak 70, www.kubuswoning.nl; tgl. 11.00–18.00 Uhr). Einen Überblick über die Stadt bietet das Aussichtsrestaurant des **Euromasts** in 92 m Höhe; der Turm ist 185 m hoch. An seiner Außenseite schraubt sich eine rotierende Gondel nach oben (Parkhaven 20, www.euromast.nl; April–Sept. 9.30–22.00, sonst 10.00–22.00 Uhr).

MUSEUM
Das Kunstmuseum **Boijmans van Beuningen** nennt eine herausragende Gemäldesammlung sein Eigen. Angefangen von Rubens und Rembrandt bis hin zu Matisse, Kandinsky, Munch und Chagall hängen hier Werke von nahezu allen großen Meistern (Museumpark 18, www.boijmans.nl; Di.–So. 11.00–17.00 Uhr).

ERLEBEN
Eine **Hafenrundfahrt** darf bei einem Rotterdambesuch nicht fehlen. Schließlich ist man im **Europoort** im größten Hafen Europas unterwegs (www.spido.nl).

HOTELS UND RESTAURANT
Das **€€€ New York** im ehem. Verwaltungsgebäude der Schifffahrtsgesellschaft Holland-America-Line strahlt die Atmosphäre der 1920er-Jahre aus. Das Restaurant **€€€/€€ The Basement** im Untergeschoss zählt zu den besten der Stadt (Koninginnenhoofd 1, NL-3072 AD Rotterdam, Tel. 01 04 39 05 00, https://hotelnewyork.com). Nicht weit entfernt liegt die **€€€ SS Rotterdam** vor Anker (3e Katendrechtsehoofd 25, NL-3072 AM Rotterdam, Tel. 01 02 97 30 90, www.ssrotterdam.nl). Das 1959 gebaute Passagierschiff ist heute Luxushotel, kann aber auch von Nicht-Gästen gegen Gebühr besichtigt werden. Einfacher wohnen junge Leute im **€ Stayokay Hostel** in den Kubushäusern (Overblaak 85, NL-3011 MH Rotterdam, Tel. 01 04 36 57 63, www.stayokay.com).

UMGEBUNG
Die zum UNESCO-Welterbe zählenden 19 Windmühlen von **Kinderdijk TOPZIEL** (überw. 18. Jh.) waren Schöpfmühlen zur Entwässerung der umliegenden Polder (Museumsmühlen, www.kinderdijk.nl; Mitte März–Okt. tgl. 9.00–17.30 Uhr).

INFORMATION
Rotterdam Info, Coolsingel 114, NL-3011 AG Rotterdam, Tel. 01 07 90 01 85, www.rotterdam.info

4 Gouda

Nicht nur Käsefreunden ist Gouda ein Begriff. Mit malerischen Grachten bietet die 72 000 Einw. zählende Stadt (Stadtrecht 1272) Besuchern eine Vielfalt an Sehenswürdigkeiten aus jahrhundertelanger Geschichte. Hauptanziehungspunkt ist aber der Käsemarkt, auf dem Händler in traditionellen Trachten verkaufen.

SEHENSWERT
Der **Marktplatz** bündelt die großen Sehenswürdigkeiten der Stadt; hier findet von April bis Sept. der Käsemarkt statt (Do. 10.00–12.30 Uhr). Hier stehen die Renaissance-**Waage** mit Käse- und Handwerksmuseum (1668; April–Okt. tgl. 12.00–17.00, Do. ab 10.00 Uhr), in der einst der Käse der Region vor dem Verkauf gewogen und besteuert wurde, das spätgotische **Rathaus** (um 1450; April–Sept. Di.–So. 11.00–15.00 Uhr), dessen Freiterrasse früher der Richtplatz war, und die **Sint-Janskerk** aus dem 16. Jh, mit 123 m das längste Gotteshaus der Niederlande (März–Nov. Mo.–Sa. 10.00–17.30, sonst Mo.–Sa. 10.00–16.00 Uhr).

RESTAURANT
€ € **De Mallemolen** ist ein kulinarisches Juwel direkt am Wasser. Es bietet holländische Küche mit internationalem Einschlag (Ostehaven 72, Tel. 01 82 51 54 30, www.restaurantdemallemolen.nl; Mo. und Di. geschl.).

INFORMATION
VVV Gouda, Goudse Waag, Markt 35, NL-2801 JK Gouda, Tel. 01 82 58 91 10, www.willkommeningouda.com

5 Middelburg

Die Hauptstadt der Provinz Seeland mit knapp 50 000 Einw. wurde im Zweiten Weltkrieg erst von den Deutschen und später noch einmal von den Alliierten bombardiert und nahezu völlig zerstört. Fast alles, was noch an historischen Gebäuden zu sehn ist, geht auf Rekonstruktionen nach dem Krieg zurück.

SEHENSWERTES
Das **Stadhuis** (urspr. 16. Jh.) gilt als einer der schönsten gotischen Profanbauten des Landes. Besuchenswert ist auch die frühere **Abtei Onze Lieve Vrouwe** (überw. 16. Jh.) mit dem Zeeuws Museum; vom 91 m hohen Abteiturm genießt man den Rundblick über Seeland (Abdijplein 1, www.zeeuwsmuseum.nl; Di.-So. 11.00-17.00 Uhr).

UMGEBUNG
Seeland ist eine Provinz, die früher vor allem vom Fischfang lebte und gern von Badetouristen aus allen Ländern Europas besucht wird. Ausflüge von Middelburg führen deswegen meist ans Meer – ins malerische Städtchen **Veere** (8 km nördl.), zur Hafenstadt **Vlissingen** (8 km südl.; schöne, im Sommer überfüllte Strände), nach **Zierikzee** (42 km südl.; lange Standstände) mit einer von einem Grachtengürtel eingefassten Altstadt, zum Fischerdorf **Yerseke** (40 km westl.) und zum 1986 in Betrieb genommenen **Oosterschelde-Staudamm,** einem Teil des riesigen Deltaplan-Projekts (16 km nördl.).

INFORMATION
Visit Middelburg, Markt 51, NL-4331 LK Middelburg ,Tel. 01 18 67 43 00, www.uitinmiddelburg.nl

Genießen Erleben Erfahren

DuMont Aktiv

Mit dem Kanu durch den Binsenwald

Ist da vorn nicht gerade ein Eisvogel ins Wasser getaucht? Kreist dort oben am Himmel nicht ein Seeadler? Stolziert da am Schilfrand nicht ein Reiher? Und liegt dort am Ufer nicht eine riesige Biberburg? Auf einer Bootsfahrt durch den Nationalpark De Biesbosch – Biesbosch bedeutet übersetzt Binsenwald – lautet die Antwort in der Regel: „Ja".

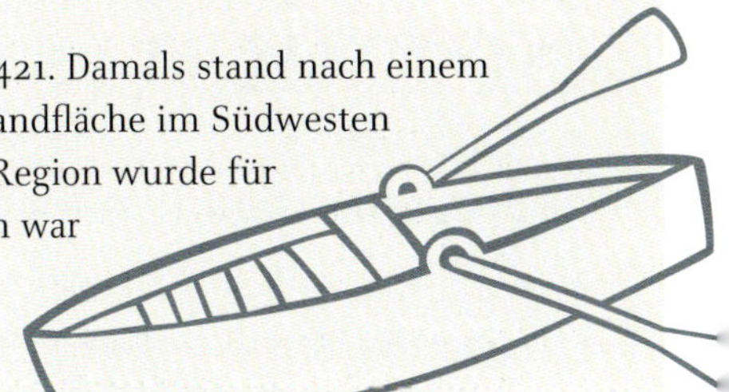

Angefangen hat alles im Jahre 1421. Damals stand nach einem Dammbruch und einer Flut eine riesige Landfläche im Südwesten der Niederlande unter Wasser. Die ganze Region wurde für immer verändert. Das Gebiet De Biesbosch war von heute auf morgen ein Überschwemmungsgebiet mit direkter Verbindung zum Meer, in dem auch Ebbe und Flut spürbar waren. Mit großem Aufwand und viel Mühe wurden neue Deiche gezogen, um das verloren gegangene Ackerland zurückzugewinnen – doch das gestaltete sich schwieriger als gedacht, und so blieb ein großer Teil des Biesbosch ein schwer zugängliches, von Brackwasser bestimmtes Sumpfgebiet.

Die große Flutkatastrophe vom 1. Februar 1953 war traumatisch für die Niederlande. Man war sich einig, das durfte sich niemals wiederholen. Riesige Schutzmaßnahmen wurden geplant und auch umgesetzt. Auch der Biesbosch blieb davon nicht verschont. Seither, seit dem Ende der 1960er-Jahre, ist De Biesbosch vom Meer abgeschnitten und hat sich zu einem Süßwasser-Feuchtgebiet mit einem Labyrinth aus Bächen, Flüssen und kleinen Seen entwickelt, die zugleich der Trinkwasserversorgung von Rotterdam dienen. Rad- und Wanderwege durchziehen den Nationalpark, am besten aber lernt man ihn vom Wasser aus kennen – mit dem Mietkanu oder dem „Flüsterboot".

Weitere Informationen

Nationaal Park De Biesbosch, www.np-debiesbosch.nl
Biesboschcentrum Dordrecht, Baanhoekweg 53, www.biesboschcentrumdordrecht.nl; April–Okt. Di.–So. 9.00–17.00, sonst Di.–So. 10.00–16.00 Uhr (dann kein Kanuverleih)
Besuchercentrum Drimmelen, Biesboschweg 4 (dort kein Kanuverleih), www.biesboschcentrum.nl; Juli und Aug. tgl. 9.00–17.00, April bis Juni, Sept. und Okt. Mi.–So. 10.00–17.00, März und Nov. 11.00–16.00 Uhr
Biesbosch Museum, 12 km außerhalb von Werkendam an der A 27, Hilweg 2, www.bieschboschmuseumeiland.nl; April–Okt. Mo. 11.00 bis 17.00, Di.–Fr. 10.00–17.00, Sa. und So. 11.00–17.00, sonst Mo. 13.00–17.00 Uhr
Flüsterbootfahrten von allen drei Informationszentren, Kanuverleih nur in Dordrecht

Südholländisches Blumenparadies Keukenhof (links). Oldtimertreffen auf der Festung Bourtange (rechts oben). In Rotterdams Design-Hotel „citizenM“ (rechts unten)

Service

Keine Reise ohne Planung. Auf den folgenden Seiten sind Wissenswertes und wichtige Informationen für einen Urlaub in den Niederlanden zusammengefasst.

Anreise

Mit dem Auto: Die Niederlande haben eine ausgezeichnete Verkehrsinfrastruktur und sind bestens mit Deutschland vernetzt. Den Norden des Landes erreicht man über die A 30 (ab Osnabrück), in den Niederlanden führt dann die A 1 weiter über Apeldoorn nach Amsterdam. Nimmt man ab Apeldoorn die A 28, erreicht man Utrecht, von wo die A 12 nach Gouda und Den Haag führt. Ist Rotterdam das Ziel, wechselt man ab Gouda auf die A 20. Den Süden der Niederlande erreicht man aus Deutschland kommend über Dortmund, Essen und Duisburg auf der A 40; auf der niederländischen Seite – ab Venlo – heißt die Autobahn A 67, führt an Eindhoven vorbei nach Antwerpen (Belgien). Höhe Eindhoven lässt sich auf die A 2 und kurz darauf auf die A 58 wechseln, die in westliche Richtung nach Middelburg und damit an die niederländische Südküste führt.
Mit dem Zug: Über die Schienenwege sind die Niederlande ebenfalls gut an den bundesdeutschen Westen angebunden. Ab Köln braucht der ICE nach Amsterdam gut 2,5 Std., ab Berlin lässt sich die Grachtenstadt mit der schnellsten Direktverbindung in 6,5 Std. erreichen, mit Umstieg in Hannover sogar in 6 Std. und neun Min. – zu einem Fahrpreis ab 40 €.
Mit dem Flugzeug: Als internationales Drehkreuz wird der Flughafen Amsterdam-Schiphol von zahlreichen deutschen Flughäfen u. a. von KLM (www.klm.com) und Lufthansa (www.lufthansa.com) direkt angeflogen, ab Berlin und Hamburg fliegt auch easyJet (www.easyjet.com). Der Flughafen Rotterdams wird u. a. ab Hamburg, Berlin und München direkt bedient, zwischen Eindhoven und München pendelt die Billigfluglinie Transavia (www.transavia.com).

Auskunft

Das **Niederländische Büro für Tourismus** kann über das Postfach 27 05 80 in 50511 Köln kontaktiert werden. Am einfachsten lassen sich viele nützliche Informationen zu Reisezielen und aktuellen Veranstaltungen in den Niederlanden aber über die Internetseite www.holland.com einholen. Dort sind auch unterschiedlichste Unterkünfte wie Hotels, Hostels, B&Bs und Ferienwohnungen direkt zu buchen. Vor Ort werden Touristen natürlich in allen größeren Städten in eigenen Fremdenverkehrsbüros beraten. Einige Regionen unterhalten eigene Tourismuszentralen und Onlineportale, andere nur eine Website.
Adressen bzw. Internet: Flevoland (www.flevoland.nl, www.visitflevoland.nl). Zentral-Nordholland (VVV Hart van Noord Holland, Waagplein 2, NL-1811 JP Alkmaar, Tel. 07 25 11 42 84. www.vvvhartvannoordholland.nl). Südholland, (VVV Zuid-Holland, Spuiboulevard 99, NL-3311 GN Dordrecht, Tel. 090 04 63 68 88 kostenpflichtig, www.vvvzhz.nl). Zeeland (www.vvvzeeland.nl).

Autofahren

Auf niederländischen Autobahnen beträgt die zulässige **Höchstgeschwindigkeit** 100 km/h, auf ausgewiesenen Strecken 130 km/h. Auf Landstraßen sind 80 km/h erlaubt, in Ortschaften 50 bzw. 30 km/h. Die **Promillegrenze** liegt bei 0,5 ‰; wer mit mehr Alkohol im Blut am Steuer erwischt wird, muss mit drastischen **Geldstrafen** rechnen. Auch Geschwindigkeitsübertretungen, Telefonieren am Steuer ohne Freisprechanlage und andere Verstöße können schnell mehrere hundert Euro teuer werden.

Essen und Trinken

Die niederländische Küche gilt gemeinhin als bodenständig und nicht besonders raffiniert. Das muss kein Nachteil sein. An ungemütlichen Wintertagen ist ein **Stamppot,** der typisch holländische Eintopf aus gestampften Kartoffeln, Gemüse und Fleisch, eine Wohltat für Leib und Seele. Das Gleiche gilt für die von den Holländern ebenfalls heißgeliebte **Erwtensoep** (Erbsensuppe). Die deftigen Gerichte lässt man sich nicht nur an den Familientischen schmecken – sie erfahren in jüngster Zeit eine Renaissance und stehen in vielen von jungen Leuten frequentierten Lokalen häufig auf der Speisekarte – wobei die Rezepte aus Uromas Kochbuch meist in leicht abgespeckter Weise zu neuen Ehren kommen.
Daneben beweisen kreative Küchenchefs vielerorts, dass die Spitzengastronomie längst einen festen Platz in den Niederlanden hat – landesweit gibt es inzwischen mehr als 100 Restaurants mit mindestens einem Michelin-Stern.

Preiskategorien

€ € €	Hauptspeisen	über 25 €
€ €	Hauptspeisen	15 – 25 €
€	Hauptspeisen	bis 15 €

An der Amsterdamer Egelantiersgracht ist das typisch holländische Café „t' Smalle" zu finden

Restaurants: Eine niederländische Institution sind die vielen **Cafés** und **Eetcafés.** Mit Cafés, wie man sie aus Deutschland kennt, haben sie allerdings nicht viel gemein. Vielmehr sind sie rustikale Speiselokale oder schlichtweg Kneipen, in denen man auch auf eine kleine Stärkung einkehren kann. Entsprechend typische Café-Gerichte sind Eintöpfe, belegte Brote oder auch Kroketten, also frittierte Fleisch- oder Gemüseröllchen, die sich die Niederländer am liebsten mit reichlich Ketchup, Mayonnaise oder Remoulade schmecken lassen.

Auch die **Bruin Cafés** findet man an jeder Straßenecke, „bruin" (braun) deutet auf die besondere Art der Einrichtung hin – dunkles, von unzähligen Rauchergenerationen gefärbtes Holzinterieur und knarrende Dielen gehören zur typischen Ausstattung dieser Pub-ähnlichen Lokale, in denen im Vergleich zu den Cafés die Aufnahme von Flüssigem eindeutig im Mittelpunkt steht.

Im **Koffiehuis** ist man richtig, wenn einem der Sinn nach dem braunen Heißgetränk und einem Stück Kuchen, also nach einer echten Kaffeepause steht; die Grandezza längst vergangener Zeiten strahlen die noblen Grand-Cafés aus.

Restaurants – von schlicht bis superedel – finden sich in allen großen Städten der Niederlande. Das Preisniveau entspricht etwa dem vergleichbarer Lokale in Deutschland. In der Restaurantrechnung ist die Umsatzsteuer inbegriffen. Trinkgeld ist nicht verpflichtend; einen aufmerksamen Service zu honorieren, ist aber nett und üblich – 10 % sind hier ein guter Richtwert Restaurantempfehlungen finden sich auf den jeweiligen Info-Seiten.

Essenszeiten: Kulinarisch beginnt der Tag für die meisten Holländer mit dem **Ontbijt,** dem **Frühstück.** Die Tasse Kaffee (Kopje Koffie) gehört ebenso dazu wie ein Brötchen, das mit Marmelade, Käse oder Wurst oder in der supersüßen Variante – mit Schokostreuseln – angereichert wird.

Mittags warm zu essen, ist in den Niederlanden nicht üblich. Zu dieser Tageszeit stärkt man sich mit einem belegten Brötchen, gern mit Matjes, Zwiebeln und sauren Gurken belegt, oder bestellt Fast Food – Pommes frites, Fish and Chips oder „Bitterballen". Die frittierten Rinderhack-Bällchen sind beliebt, auch

Info

Daten & Fakten

Landesnatur: In Deutschland wird „Holland" als historisch bekanntester Landesteil gelegentlich als Synonym für die „Niederlande" verwendet; genau genommen ist Holland nur der westliche Teil des Landes, bestehend aus den Provinzen Nord- und Südholland. Die weiteren Verwaltungseinheiten sind Drente, Flevoland, Friesland, Gelderland, Groningen, Limburg, Nord-Brabant, Overijssel, Utrecht und Zeeland. Die Niederlande erstrecken sich über eine Fläche von 41 585 km². Etwa die Hälfte der Landesfläche entfällt auf das küstennah gelegene Tiefland, das im Durchschnitt weniger als einen Meter über dem Meeresniveau liegt und ohne den Schutz von Deichen regelmäßig überflutet würde. Ungefähr die Hälfte dieses Landesteils und damit rund ein Viertel der gesamten Niederlande liegen sogar unterhalb des Meeresspiegels. Weite Teile dieses Tieflands – u. a. die gesamte Provinz Flevoland – wurden dem Meer durch Landgewinnung abgetrotzt. Die Grenze zwischen dem Tiefland mit seinen Watt-, Dünen-, Polder- und Marschlandschaften und dem mindestens drei Meter über dem Meer liegenden hügeligen Hochland bildet eine gedachte Linie zwischen Bergen op Zoom im Südwesten und Winschoten im Nordosten. Höchster Gipfel ist mit 323 m der Vaalser Berg nahe der Grenze zu Deutschland und Belgien, tiefster Punkt Nieuwerkerk aan den Ijssel in Südholland mit 6,74 m unter Meereshöhe. Größte Flüsse sind Rhein, Maas und Schelde.

Klima: In den Niederlanden mit ihrer langen Küstenlinie herrscht ein gemäßigtes Meeresklima – die Winter sind nicht allzu kalt, die Sommer nicht besonders warm. Je weiter man ans Meer kommt, desto geringer ist der Unterschied zwischen Sommer- und Wintertemperaturen. Im Südosten des Landes klettert das Thermometer im Sommer ein paar Grad höher als an der Küste, und im Winter fällt auf den Höhen der hügeligen Landschaft dort sogar gelegentlich Schnee.

Bevölkerung: Die Niederlande und werden von knapp 17,1 Mio. Menschen bewohnt; mit 413 Einw./km² gehört das Land zu den am dichtesten besiedelten Staaten der Welt. Amsterdam, die Hauptstadt, ist mit 850 000 Einw. die größte Stadt des Landes, gefolgt von Rotterdam, wo 635 000 Menschen leben. Der Regierungssitz Den Haag rangiert mit 528 000 Einw. an dritter Stelle. Aufgrund ihres hohen Lebensstandards, ihrer religiösen Toleranz, aber auch ihrer kolonialen Vergangenheit sind die Niederlande seit Jahrhunderten Einwanderungsland.

Regierungsform: Die Niederlande sind eine parlamentarische Monarchie, Staatsoberhaupt ist der amtierende Monarch, derzeit König Willem-Alexander. Der König ernennt Ministerpräsidenten und Minister und gehört offiziell der Regierung an; die Regierung ohne den König heißt Ministerrat. Dieser tagt ohne den Monarchen, erstattet ihm aber regelmäßig Bericht. Das Parlament besteht aus zwei Kammern, die erste wird von den Abgeordneten der Provinzregierungen, die zweite von den Niederländern direkt gewählt. Amtierender Ministerpräsident ist seit 2010 Mark Rutte von der rechtsliberalen Volkspartij voor Vrijheid en Democratie (VVD).

Wirtschaft: Die Niederlande sind eine Dienstleistungsgesellschaft, dieser Sektor stellt rund Dreiviertel der Arbeitsplätze, und eine stark auf den Export ausgerichtete Industrienation; etwa ein Viertel der Beschäftigten arbeitet in der Industrie, deren wichtigste Branchen Nahrungsmittelverarbeitung, Chemie-, Pharma- und Elektroindustrie darstellen. Weil die Niederlande über keine nennenswerten Bodenschätze verfügen, müssen fast alle Rohstoffe importiert werden. Diesen Nachteil gleicht die geografisch günstige Lage am westlichen Rande Europas aus. Die Häfen von Rotterdam und Amsterdam sind für Übersee-Containerschiffe schneller zu erreichen als Bremerhaven oder Hamburg. Rotterdam ist der wichtigste Seehandel-Umschlagplatz Europas, der Weitertransport der Waren ins europäische Hinterland eine wichtige Säule der niederländischen Wirtschaft. Die Niederlande sind nach den USA der zweitgrößte Exporteur von Agrarprodukten. Das schafft das flächenmäßig kleine Land nur durch ausgeklügelte Massentierhaltung und intensivste Nutzung aller zur Verfügung stehenden Ressourcen.

Ein schöner Anlass für eine Parade: Koningsdag in Limburg (links). Käsegeschäfte werden noch mit Handschlag besiegelt: Käsemarkt in Gouda (Mitte)

Miesmuscheln aus dem seeländischen Yerseke: Drei Jahre wachsen die Zeeuwse Mosselen heran. Dann werden sie geerntet und überwiegend nach Frankreich und Belgien exportiert

wenn sie ebenfalls nicht gerade zu den Schlankmachern gehören. Viele Restaurants und Eetcafés öffnen erst am frühen Abend. Neben den Snackbars empfehlen sich mittags Käse- und Feinkostgeschäfte, an deren Theken man frisch belegte Sandwiches bekommt. An besonders touristischen Orten bieten aber auch Restaurants einen Mittagstisch, meist zwischen 11.30 und 15.00 Uhr.

Nach Feierabend treffen sie sich Holländer gern zum **Aperitif** (Borrel) in einem Lokal. Bei einem Bier oder einem Glas Wein tauscht man Neuigkeiten aus und dabei werden gern Borrel-Hapjes verzehrt: Käsewürfel, Fleischbällchen und andere deftige Kleinigkeiten.

Das **Abendessen** ist die Hauptmahlzeit für die Holländer und das steht in vielen Familien pünktlich um 18.00 Uhr auf dem Tisch. Auch die Restaurants füllen sich vergleichsweise früh. In der Regel bieten sie von 18.00 bis 22.30 Uhr warme Küche an.

Spezialitäten: Hollandse Nieuwe – also **Matjesfilet** – lassen sich die Holländer seit mehr als 600 Jahren schmecken. Erfunden wurde die Spezialität 1395 von dem Fischer Willem Beukelzoon, der den frisch gefangenen Heringen die Köpfe abschnitt, die Eingeweide entnahm und die Fische in Salzlake einlegte. Versehentlich hatte der Fischer die Bauchspeicheldrüsen in den ausgenommenen Heringen zurückgelassen, deren Enzyme ließen den Fisch im Holzfass noch besser reifen, das Resultat überzeugte – der mildaromatische Matjeshering wurde so etwas wie das kulinarische Nationalheiligtum der Holländer.

Die niederländischen **Käsereien** stellen jedes Jahr 650 Mio. Kilo Käse her. Zwei Drittel davon werden ins Ausland verkauft, was die Niederlande zum größten Käseexporteur der Welt macht. Gouda und Edamer – benannt nach den beiden Städten, in denen sie ursprünglich verkauft wurden – sind die bekanntesten Sorten. Es gibt jedoch noch viele andere, darunter Amsterdamer, Alkmaarer, Maaslander, Maasdamer, Texelaar-Kollumer, Leydener, Leerdammer und Limburger Käse. Ende des 19. Jh. kam das Ende der traditionellen die Käseherstellung. Heute produzieren fast ausschließlich Großbetriebe, die sich zumeist auf eine einzige Sorte spezialisiert haben. Vereinzelt bekommt man aber auch heute noch handgefertigten Boerenkaas (Bauernkäse). Gelegenheit, reichlich zu kosten, bieten allerorten Wochenmärkte und natürlich die bekannten Käsemärkte in Gouda, Edam und Alkmaar.

Holländer lieben Süßes – **Pannenkoeke** gehören zu den Favoriten. Die Eierpfannkuchen bekommt man zu jeder Tageszeit in eigens eingerichteten Pannenkoek-Huizen. Auf Wochenmärkten werden gern **Poffertjes** genascht, süße Minipfannkuchen, die nicht ganz durchgebacken werden damit sie einen weichen Kern behalten. Am besten schmecken die kleinen Kalorienbomben warm, mit Puderzucker bestreut. Damit es holländischen Naschkatzen nicht langweilig wird, wurden auch noch **Wafels** erfunden. Die lässt man sich warm und mit Schlagsahne, Fruchtmus oder einer Kugel Eis schmecken.

Von Juli bis April werden im Wattenmeer vor den Friesischen Inseln **Mosselen** (Miesmuscheln) geerntet. Lecker zubereitet, meist in Weißweinsud, sind die Schalentiere eine Delikatesse, die in vielen Speiselokalen auf der Karte steht.

Das delikate Spargelgemüse bauen die Niederländer an mehreren Orten an, **Limburger Spargel** ist der bekannteste. Die Spargelzeit beginnt am zweiten April-Do. und endet am 24. Juni. Dann kann man das „weiße Gold"

An den einstigen Wohlstand durch Tuchhandel mit England und Schottland erinnern die Häuser am Markt des seeländischen Ortes Veere

Info

Geschichte

Vor 30 000 Jahren Erste menschliche Besiedlung.
1500 v. Chr. Germanen besiedeln das Gebiet der heutigen Niederlande.
Ab 58 v. Chr. Die Römer dringen in das Gebiet vor.
4. Jh. n. Chr. Nach dem Zerfall des Römischen Reiches übernehmen die Franken die Herrschaft im Süden des Territoriums. Im Norden und in den Küstenregionen haben die Friesen das Sagen.
8. Jh. Karl der Große erobert die gesamte Region und unterwirft auch die Friesen.
9. Jh. Nach Karls Tod wird das Karolingerreich geteilt. Die heutigen Niederlande werden Teil des Ostfränkischen Königreichs.
11. Jh. Nach dem Zerfall der Karolingerreiche bilden sich zahlreiche kleine Herrschaftsterritorien, u. a. die Herzogtümer Brabant, Geldern und Holland sowie die Fürstbistümer Utrecht und Lüttich. Mit Ausnahme des Herzogtums Flandern (heute ein Teil Belgiens) gehören die damaligen Niederlande zum späteren Heiligen Römischen Reich Deutscher Nation.
14. Jh. Die flandrische Erbtochter Margarete von Male heiratet Philipp den Kühnen von Burgund. Durch die Verbindung werden einige Gebiete der heutigen Niederlande mit dem burgundischen Reich vereint.
15. Jh. Die heutigen Niederlande gelangen in den Besitz der Habsburger: Kaiser Karl V. vereint als Erbe Burgunds die „Niedere Lande" mit Belgien und Luxemburg; die gesamte Region wird Teil des burgundisch-habsburgischen Reiches.
16. Jh. Die Niederlande geraten unter spanische Herrschaft. Die erzkatholischen Spanier versuchen, den aufkommenden Protestantismus in den Niederlanden auch mit militärischer Gewalt zu unterdrücken. Tausende Protestanten kommen zu Tode, Tausende, darunter viele Calvinisten, fliehen ins Ausland.
1579 Die protestantischen Nordprovinzen Friesland, Gelderland, Groningen, Holland Overijssel, Utrecht und Zeeland schließen ein Schutzbündnis gegen die Spanier – die Utrechter Union.
1581 Die Provinzen der Utrechter Union erklären als „Republik der Vereinigten Niederlande" ihre Unabhängigkeit.
1600 Unter der Führung Moritz von Oraniens werden die Spanier aus den nördlichen Niederlanden vertrieben. Der Westfälische Friede bestätigt 1648 deren Unabhängigkeit. Der Süden (heute die Gebiete von Belgien und Luxemburg) bleibt unter spanischer Herrschaft.
1602 Die Handelsgesellschaften Ostindische und Westindische Kompanie werden gegründet. Durch den Handel mit Südostasien, Westafrika und Amerika kommen die Niederlande zu großem Wohlstand.
17. Jh. Die Niederlande erleben als Kolonialmacht ihr „Goldenes Zeitalter", eine wirtschaftliche und kulturelle Blüte. Etwa ab der Jahrhundertmitte machen ihnen die Engländer die Großmachtposition streitig.
1795 Nach der Französischen Revolution werden die südlichen und die nördlichen Niederlande von den Franzosen erobert; die nördlichen Provinzen bilden zunächst als Batavische Republik eine französische Tochterrepublik. 1806 wird diese zum Königreich Holland, regiert von Louis Bonaparte, einem Bruder Napoleon Bonapartes.1810 wird das Königreich Holland von Frankreich annektiert.
1813 Die Niederländer rebellieren gegen die französische Fremdherrschaft.
1815 Nach der Niederlage Napoleons, werden die Niederlande wieder ein selbstständiges Königreich, Wilhelm von Oranien wird König der Niederlande.
1890 Die Niederlande führen die weibliche Erbfolge ein; Königin Wilhelmina besteigt den Thron. Noch immer sind die Niederlande nach England und Frankreich dritte europäische Großmacht.
1914 Im Ersten Weltkrieg bleiben die Niederlande neutral, der letzte deutsche Kaiser flüchtet nach Kriegsende ins niederländische Exil.
1939 Im Zweiten Weltkrieg erklären die Niederlande wiederum ihre Neutralität – deutsche Truppen besetzen dennoch das Land, die königliche Familie und die Regierung fliehen nach England bzw. Kanada; von den 140 000 niederländischen Juden werden 120 000 von den deutschen Besatzern in die Konzentrationslager abtransportiert, wo die meisten umgebracht werden.
nach 1945 Wegen zunehmenden Widerstands sehen sich die Niederlande gezwungen, ihre Kolonien in die Unabhängigkeit zu entlassen. Als erste Kolonie wird 1949 Indonesien unabhängig, die Niederländischen Antillen bleiben ein Landesteil des Königreichs. 2010 werden die Niederländischen Antillen aufgelöst; seither sind Curaçao und Sint Maarten autonome Länder innerhalb des Königreichs, wie seit 1985 auch schon Aruba.
1949 Die Niederlande treten der Nato bei.
1957 Das Land gehört zu den Mitgründern der Europäischen Wirtschaftsgemeinschaft, die sich 1992 in Maastricht zur Europäischen Union entwickelt.
1980 Prinzessin Beatrix wird Königin der Niederlande.
2002 Politisch motivierte Attentate erschüttern das Land, der Rechtspopulist Pim Fortuyn wird erschossen. 2004 tötet ein Islamist mit niederländischem Pass den Filmemacher Theo van Gogh. 2009, am Königinnentag, entkommt die königliche Familie einem Attentat, bei dem in Apeldoorn fünf Menschen sterben.
2012 Aus vorgezogenen Neuwahlen geht Ministerpräsident Mark Ruttes rechtsliberale Partei VVD gestärkt hervor.
2013 Nach dem Amtsrücktritt von Königin Beatrix (Königin ab 1980) wird ihr Sohn Willem-Alexander König und somit Staatsoberhaupt der Niederlande.
2015 In den traditionell toleranten Niederlanden kommt es zu Protesten gegen den Zustrom von Flüchtlingen, im gelderländischen Geldermalsen stürmen ausländerfeindliche Randalierer das Rathaus.
2017 Bei den Parlamentswahlen geht die konservativ-liberale Volkspartij voor Vrijheid en Democratie mit 21,3 % als Sieger hervor. Geert Wilders wird mit seiner rechtspopulistischen Partei mit 13,1 % zweitstärkste Kraft.
2018 Leeuwarden ist zusammen mit Valletta Kulturhauptstadt Europas.

speziell in und um Limburg in vielen Variationen schlemmen.
Getränke: Neben **Kaffee** und **Tee** ist **Bier** das beliebteste Getränk der Niederländer. Ein Biertje wird wie das Kölsch in kleinen Gläsern ausgeschenkt – besonderen Absatz haben die Kneipen in der Borreluur, also zum Feierabendbeginn. Das Pilsener des Platzhirschen Heineken fehlt fast in keiner Kneipe; ebenfalls weit verbreitet sind Grolsch und Brand. Wenn den Holländern der Sinn nach einem besonderen Bier steht, bestellen sie ein belgisches.
Ein typisch holländisches Produkt ist **Jenever,** ein auf das 17. Jh. zurückgehender Kornbrand, den man mit Wachholderbeeren aromatisiert. Noch weiter zurück reichen die Wurzeln der 1575 gegründeten Likörfabrik Bols, deren Klassiker Apricot Brandy, (Curaçao) Blue und Advocaat (Eierlikör) weltweit bekannt und Basis vieler Cocktails sind.

Feiertage, Feste, Feiern

Gesetzliche Feiertage (arbeitsfreie Tage): Neujahr (1. Januar), Karfreitag, Ostermontag, Königstag (27. April; wenn das Datum auf einen Sonntag fällt, wird dieser Nationalfeiertag um einen Tag vorverlegt), Befreiungstag (5. Mai), Christi Himmelfahrt, Pfingstmontag, Weihnachten (25./26. Dez.).
Die Niederländer feiern gern mit Pomp und Paraden – die feierlichsten Anlässe dafür bietet die Monarchie. Der Geburtstag von König Willem-Alexander am 27. April **(Koningsdag)** wird ebenso ausgelassen begangen wie der **Prinsjesdag** am dritten Sept.-Di., an dem das parlamentarische Sitzungsjahr eröffnet wird; traditionelle Hochburg für die Festlichkeiten am Königstag ist Amsterdam, Veranstaltungsort für den Prinsjesdag dagegen Den Haag.

Geld

Die Niederlande gehören zum Euro-Raum, Ein- und Zwei-Centstücke sind nicht in Gebrauch, einige Geschäfte nehmen gar kein Bargeld mehr an. Bankautomaten finden sich quasi flächendeckend, Banken sind werktags zwischen 9.00 und 17.00 Uhr geöffnet, Mo. öffnen viele Filialen später.
Sperrung von Bank- und Kreditkarten bei Verlust oder Diebstahl (nur, wenn das ausstellende Geldinstitut angeschlossen ist, Übersicht: www.sperr-notruf.de): Tel. 00 49 11 61 16 oder 00 49 30 40 50 40 50. Weitere Sperrnummern für MasterCard 00 49 69 79 33 19 10 bzw. VISA 00 49 69 79 33 19 10. Wichtig für die evtl. Sperrung sind Kreditkartennummer, Kontonummer und zugehörige Bankleitzahl!

Medizinische Versorgung

Die Vorlage einer Europäischen Krankenversicherungskarte berechtigt zur Behandlung in Notfällen. Da die ärztlichen Leistungen anders abgerechnet werden als in Deutschland, können Patienten allerdings auf einem Teil der Kosten sitzenbleiben. Daher empfiehlt sich eine zusätzliche Auslandskrankenversicherung, die auch die Kosten für den Rücktransport nach Deutschland einschließt.

Notruf

Polizei, Feuerwehr und Rettungsdienst: 112

Reisezeit

Die Niederlande sind ein Ganzjahresziel. In den wärmsten Monaten – Juni, Juli und Aug. – liegen die Tagestemperaturen bei durchschnittlich 20 bis 22 °C, im Winter bei 5 bis 6 °C. Da die vom Meer kommenden Luftmassen stets mit viel Feuchtigkeit angereichert sind, gibt es häufige Regenschauer. An der Küste ist der März der regenärmste Monat, in anderen Landesteilen ist die Regenwahrscheinlichkeit im Herbst am geringsten.

Unterkunft

Hotels: Die Niederlande bieten ihren Gästen ein breites Übernachtungsspektrum, Hotels sind in fünf Kategorien unterteilt – gerade in jüngster Zeit sind auch viele Häuser der günstigeren Preisklassen gelungen designt an den Start gegangen.
Hotelempfehlungen finden sich auf den jeweiligen Info-Seiten.
Bed & Breakfast: Eine gute Alternative für alle, die sich persönlichen Kontakt zu Einheimischen wünschen, sind Quartiere bei Privatvermietern – in Häusern, Wohnungen, Gartenhäuschen; auch die B&Bs gibt es landesweit von einfach bis luxuriös.
Camping: Da die Niederländer ein ausgesprochenes Faible fürs Campen haben, sind Plätze für Wohnmobile und Zelte keinesfalls Mangelware. Ein neuer Trend ist das sogenannte Glamping – Glamper beziehen fertig aufgestellte, komfortabel ausgestattete Mietzelte oder Ferienhäuschen auf einem Campingplatz (www.campercontact.com/nl). Naturcampingplätze in besonders schöner Landschaft sind auf www.natuurkampeerterreinen.nl gelistet.
Ferienhäuser: Auch die Auswahl an klassischen Ferienhäusern ist riesengroß, die Angebote diverser Anbieter finden sich auf der Seite www.holland.com.
Hausboote: Typisch für Amsterdam sind Hausboote, viele davon stehen als ungewöhnliche Touristenquartiere zur Verfügung (www.houseboathotel.nl).

Preiskategorien

€ € €	Doppelzimmer	über 150 €
€ €	Doppelzimmer	80 – 150 €
€	Doppelzimmer	bis 80 €

Im Mittelalter noch ein See, wurde der nordholländische Beemster um 1610 zum Polder. Mit seinen Windmühlen und ursprünglichen Dörfern ist er UNESCO-Welterbestätte

Register

Fette Ziffern verweisen auf Abbildungen

Impressum

2. Auflage 2018

Verlag: DuMont Reiseverlag, Postfach 3151, 73751 Ostfildern, Tel. 0711 45 02 0, Fax 0711 45 02 135, www.dumontreise.de
Geschäftsführer: Dr. Thomas Brinkmann, Dr. Stephanie Mair-Huydts
Programmleitung: Birgit Borowski
Redaktion: Horst Keppler
Text: Rasso Knoller und Dr. Christian Nowak, Berlin
Exklusiv-Fotografie: Rainer Kiedrowski, Ratingen
© VG Bild-Kunst, Bonn 2018 (S. 14/15, Skulpturen von Juan Munoz)
© VG Bild-Kunst, Bonn 2018 (S. 83 o., Skulptur von Jean Dubuffet)
Titelbild: Walter Zerla/gettyimages
Zusätzliches Bildmaterial: dpa/chromeorange (S. 94), dpa/Laci Perenyl (S. 33 r.), dpa/Rpe/Albert Philip Van Der Werf (S. 111 u.), dpa/N. Rzepka (S. 33 l.), DuMont Bildarchiv/Thomas Linkel (S. 18/19, 46 l., 46 u., 47, 79, 95), Fotolia (Illustration; S. 99), Huber Images/Gräfenhain (S. 60 o.), iStockphoto (Illustration; S. 20, 67), laif/Patric Liebe Floch (S. 93), picture alliance/blickwinkel (S. 83 u.), picture alliance/blickwinkel/GES/Sebastian Widmann (S. 32), picture alliance/VidiPhoto (S. 62 l.), Shutterstock (Illustration; S. 53), Vectorstock (Illustration; S. 5, 37)
Grafische Konzeption, Art Direktion: fpm factor product münchen
Cover Gestaltung: Neue Gestaltung, Berlin
Layout: Cyclus · Visuelle Kommunikation Stuttgart
Kartografie: © MAIRDUMONT GmbH & Co. KG, Ostfildern, Kartografie Lawall (Karten für „Unsere Favoriten")
DuMont Bildarchiv: Marco-Polo-Straße 1, 73760 Ostfildern, Tel. 0711 45 02 266, Fax 0711 45 02 10 06, bildarchiv@mairdumont.com

Anzeigenvermarktung: MAIRDUMONT MEDIA, Tel. 0711 45 02 0, Fax 0711 45 02 10 12, media@mairdumont.com, http://media.mairdumont.com
Vertrieb Zeitschriftenhandel: PARTNER Medienservices GmbH, Postfach 810420, 70521 Stuttgart, Tel. 0711 72 52 212, Fax 0711 72 52 320
Vertrieb Abonnement: Leserservice DuMont Bildatlas, Zenit Pressevertrieb GmbH, Postfach 810640, 70523 Stuttgart, Tel. 0711 72 52 265, Fax 0711 72 52 333, dumontreise@zenit-presse.de
Vertrieb Buchhandel und Einzelhefte: MAIRDUMONT GmbH & Co KG, Marco-Polo-Straße 1, 73760 Ostfildern, Tel. 0711 45 02 0, Fax 0711 45 02 340
Reproduktionen: PPP Pre Print Partner GmbH & Co. KG, Köln
Druck und buchbinderische Verarbeitung: NEEF + STUMME premium printing GmbH & Co. KG, Wittingen, Printed in Germany

FSC®
www.fsc.org
MIX
Papier aus verantwortungsvollen Quellen
FSC® C001857

Vor allem in Apulien stößt man auf Trulli. Die Rundsteinhäuser standen ursprünglich auf den Feldern.

Eine von Berlins Vorzeige-ansichten, der Blick auf Bode-Museum und Fern-sehturm im Hintergrund.

Berlin

Große Kunst
Erwartet Sie in den Berliner Museen, nicht nur in jenen fünf, die auf der Museumsinsel liegen und von der UNESCO zum Welterbe gekürt wurden.

Die Hauptstadt anders erleben
Wie wäre es mit einer Rikscha-Tour durch das historische Berlin, mit einer Rundfahrt im Trabi oder mit einer Führung durch die Unterwelt?

Das hippe Berlin
Prenzlauer Berg, Kreuzberg, Friedrichshain und Neukölln, hier trifft sich heute die Szene! Wir verraten Ihnen, welche Clubs und Bars gerade angesagt sind.

Apulien Kalabrien

Italiens tiefer Süden ...
... hat jede Menge zu bieten. Alle Natur- und Kulturschönheiten der Region stellen wir Ihnen ausführlich in Bild und Wort vor.

Verlockende Strände
Einer der Hauptgründe für eine Reise nach Apulien und Kalabrien sind sicher die herrlichen Strände, einer schöner als der andere. Wir verraten Ihnen unsere Lieblingsstrände.

Unterwegs per pedes
Wanderungen in Apulien und Kalabrien sind ein wahres Erlebnis, drei herrliche Touren beschreiben wir ganz detailliert.

www.dumontreise.de

Lieferbare Ausgaben

DEUTSCHLAND
119 Allgäu
092 Altmühltal
105 Bayerischer Wald
180 Berlin
162 Bodensee
175 Chiemgau, Berchtesgadener Land
013 Dresden, Sächsische Schweiz
152 Eifel, Aachen
157 Elbe und Weser, Bremen
168 Franken
020 Frankfurt, Rhein-Main
112 Freiburg, Basel, Colmar
028 Hamburg
026 Hannover zwischen Harz und Heide
042 Harz
023 Leipzig, Halle, Magdeburg
131 Lüneburger Heide, Wendland
188 Mecklenburgische Seen
038 Mecklenburg-Vorpommern
033 Mosel
190 München
047 Münsterland
015 Nordseeküste Schleswig-Holstein
006 Oberbayern
161 Odenwald, Heidelberg
035 Osnabrücker Land, Emsland
002 Ostfriesland, Oldenburger Land
164 Ostseeküste Mecklenburg-Vorpommern
154 Ostseeküste Schleswig-Holstein
201 Pfalz
040 Rhein zw. Köln und Mainz
185 Rhön
186 Rügen, Usedom, Hiddensee
137 Ruhrgebiet
149 Saarland
182 Sachsen
081 Sachsen-Anhalt
117 Sauerland, Siegerland
159 Schwarzwald Norden
045 Schwarzwald Süden
018 Spreewald, Lausitz
008 Stuttgart, Schwäbische Alb
141 Sylt, Amrum, Föhr
204 Teutoburger Wald
170 Thüringen
037 Weserbergland
173 Wiesbaden, Rheingau

BENELUX
156 Amsterdam
011 Flandern, Brüssel
179 Niederlande

FRANKREICH
177 Bretagne
021 Côte d'Azur
032 Elsass
009 Frankreich Süden Okzitanien
019 Korsika
071 Normandie
001 Paris
198 Provence

GROSSBRITANNIEN/IRLAND
187 Irland
202 London
189 Schottland
030 Südengland

ITALIEN/MALTA/KROATIEN
181 Apulien, Kalabrien
017 Gardasee, Trentino
110 Golf von Neapel, Kampanien
163 Istrien, Kvarner Bucht
128 Italien, Norden
005 Kroatische Adriaküste
167 Malta
155 Oberitalienische Seen
158 Piemont, Turin
014 Rom
165 Sardinien
003 Sizilien
203 Südtirol
039 Toskana
091 Venedig, Venetien

GRIECHENLAND/ZYPERN/TÜRKEI
034 Istanbul
016 Kreta
176 Türkische Südküste, Antalya
148 Zypern

MITTEL- UND OSTEUROPA
104 Baltikum
094 Danzig, Ostsee, Masuren
169 Krakau, Breslau, Polen Süden
044 Prag
193 St. Petersburg

ÖSTERREICH/SCHWEIZ
192 Kärnten
004 Salzburger Land
196 Schweiz
144 Tirol
197 Wien

SPANIEN/PORTUGAL
043 Algarve
093 Andalusien
150 Barcelona
025 Gran Canaria, Fuerteventura, Lanzarote
172 Kanarische Inseln
199 Lissabon
124 Madeira
174 Mallorca
007 Spanien Norden, Jakobsweg
118 Teneriffa, La Palma, La Gomera , El Hierro

SKANDINAVIEN/NORDEUROPA
166 Dänemark
153 Hurtigruten
029 Island
200 Norwegen Norden
178 Norwegen Süden
151 Schweden Süden, Stockholm

LÄNDERÜBERGREIFENDE BÄNDE
123 Donau – Von der Quelle bis zur Mündung
112 Freiburg, Basel, Colmar

AUSSEREUROPÄISCHE ZIELE
183 Australien Osten, Sydney
109 Australien Süden, Westen
195 Costa Rica
024 Dubai, Abu Dhabi, VAE
160 Florida
036 Indien
027 Israel, Palästina
111 Kalifornien
031 Kanada Osten
191 Kanada Westen
171 Kuba
022 Namibia
194 Neuseeland
041 New York
184 Sri Lanka
048 Südafrika
012 Thailand
046 Vietnam